幼兒科學教育
探究取向

陳淑敏 ———— 著

 心理出版社

目次

作者簡介

陳淑敏

學歷：美國威斯康辛大學麥迪遜校區兒童與家庭研究博士

國立高雄師範大學教育碩士

國立臺灣師範大學地理學士

經歷：國立屏東大學幼兒教育學系教授

國立屏東教育大學幼兒教育學系教授

國立屏東師範學院幼兒教育學系副教授

哈佛大學人類發展與心理學系訪問學者

普渡大學教育研究學系訪問學者

教育部七十八年度公費留學考試幼兒教育學門榜首

高雄中學輔導教師

國中、高中地理教師

幼兒科學教育既不是灌輸科學知識，也不是玩玩科學遊戲，更不是教師變魔術給幼兒觀賞，而是教師引導幼兒像科學家般地去進行科學探究，讓幼兒從這樣的教學中學習如何將對自然界的好奇轉化為可以探究的問題，接著透過觀察與實驗蒐集資料，再將資料加以整理與分析，從而建構合理的解釋。

教學要優質，教師必須具備的知識，包括：內容知識、一般性教學知識、課程知識、教學內容知識、學習者的知識、教育環境知識，以及教育哲學知識（Shulman, 1986, 1987）。筆者曾經接受師資培育教育，也曾在國中和高中任教多年，進入師資培育機構任教之後，從教學中與學生的互動及觀察其實習，再回顧自己所受的師資培育訓練及過去在中等教育的教學，對教學有了更深入的領悟。加上，對幼教現場教學的長期觀察，以及多年和幼兒教師在科學教學的合作研究，筆者非常認同史丹佛大學 Lee Shulman 的觀點。因此，本書的撰寫是以 Shulman 所列教師必須具備的知識為經，而以科學探究的相關知能為緯。事實上，這也是筆者在教授「幼兒自然科學」時的課程架構。

在筆者任教的學系，「幼兒自然科學」是屬於教材教法的科目，修習該科目的學生，都已經修習過專門探討一般性教學知識、課程知識及教育哲學知識的科目。然而，很多學生卻未能將不同科目所學加以統整與內化。因此，有必要在教授這門課之始，針對知識論及其衍生的教育觀先做簡單地探討，以協助學生統整與內化過去所學，才能進一步針對科學知識的產生及如何教學做較深入的探討，以協助學生建構適切的科學教學理念。教師的教學信念常常影響其教學行為，教師若未能建立自己的教學信念，只能人云亦云，隨風搖擺，而去觀摩

他人教學之後，也只能依樣畫葫蘆，甚至於畫虎不成反類犬。本書針對幼兒教師實施科學探究教學必備的知識進行探討，期能增進幼兒教師的科學探究教學知能，並提升幼兒階段的科學教育。

　　本書之完成，感謝所有參與筆者所執行的行政院國家科學委員會（目前的科技部）研究計畫之幼兒、幼兒教師，以及幼教系學生。此外，更感謝行政院國家科學委員會多年的經費補助。謹以此書獻給所有參與者及研究計畫經費提供單位。最後，感謝心理出版社的鼎力相助，使本書得以順利問世。

陳淑敏

2017 年 10 月

第一章

導言

在 2010 年 11 月出刊的《天下雜誌》教育特刊以聳動的標題——21 世紀生存必備的能力：科學教育決勝未來，報導臺灣的科學教育現況，以及世界各國如何推動科學教育改革以提高國家的競爭力。其中一篇文章指出臺灣近年來在國際科學競賽雖屢獲佳績，但是有近七成的受訪學生認為科學科目難以了解，將近一半的受訪學生認為科學科目要背很多的公式（吳挺鋒，2010）。

事實上，近幾十年來，科學教育的目標已從過去培養科學家或科學精英，轉而變成培養具有科學素養的公民（American Association for the Advancement of Science [AAAS], 1989, 1993; National Research Council [NRC], 1996, 2000）。這樣的目標是要使處於現代社會的公民，藉著對科學知識的了解而能活得更充實且更有意義，更重要的是，能在生活當中運用科學知識與科學思考做出明智的判斷與決定（NRC, 1996）。這些年來，臺灣的科學教育也朝向培養具有科學素養的公民而努力（教育部，2003），但是從《天下雜誌》的報導可見，科學教育還有很多努力的空間。

科學素養的培養必須透過優質的科學教學，這樣的教學既要提供

學生動手操作，又要引導學生用心思考，從而建構對科學概念的了解（NRC, 1996），而探究教學正是這波科學教育改革所極力推動的教學方式。然而，大部分教師在求學過程都沒有經歷過科學探究，對科學探究亦普遍缺乏了解（Anderson, 2007; Tang, Coffey, Elby, & Levin, 2010）。因此，增進教師的科學探究教學知能顯然是這波教育改革能否成功的關鍵。

培養有科學素養的公民，並非一朝一夕可以達成，如能儘早在人生最充滿好奇心的幼年時代，引發對自然現象探究的興趣，效果更佳。教育部的「科學教育白皮書」（2003）、美國的「國家科學教育標準」（"National Science Education Standards"）（NRC, 1996, 2000），以及改進科學教育的「Project 2061」（AAAS, 1989, 1993）都是為K～12（幼兒園五歲班至十二年級）而訂定。除此之外，很多國家訂定的科學教育改革政策，也都將幼兒園納入其中。顯然，世界各國都已意識到科學教育從小紮根的重要性。

基於配合幼兒的發展，幼兒園一向實施統整課程，幼兒園教師必須具備設計與實施各領域教學的能力，但是科學教育一直是幼兒園各領域教學中最弱的一環，科學活動在大部分幼兒園課程所占的比例亦極少，幼兒在科學區的時間也比其他學習區為少（Maier, Greenfield, & Bulotsky-Shearer, 2013）。幼兒園的科學教學有些是由教師先進行知識的教導，幼兒再依照教師的指示去操作（高敬文、黃美瑛、陳靜媛、羅素貞，1989；陳淑敏，2002a，2004），另有些則使用坊間販售的科學包進行教學。這樣的教學，教師都只注重「科學知識」（科學詞彙）的教導，教學時偏重知識內容的灌輸，但教師對所要教導的科學概念常常不夠了解，因而常灌輸錯誤的知識。還有些則只是提供幼兒操作而無教師的引導，科學活動最後都只流於兒戲（高敬文等人，

1989）。除此之外，有些科學教學，則淪為教師表演魔術而幼兒觀賞的活動（Gelman & Brenneman, 2004）。因此，幼兒科學教育的改革實為當務之急，而首要任務則為增進幼兒教師對科學探究的了解，以及提升其科學探究教學知能（Gelman & Brenneman, 2004; Samarapungavan, Mantzicopoulos, & Patrick, 2008）。

第二章

知識本質觀、科學本質觀與科學教育觀之流變

第一節　知識本質觀之流變

楔子一 [1]

〔實習教師拿出各種車子的圖卡〕

實習教師：這是什麼車子？

C　　　　：油罐車。

實習教師：油罐車是裝什麼東西？

〔幼兒沒有回應〕

實習教師：裝沙拉油或汽油？

C1　　　：有很多油拿來跑很快。

實習教師：除了開很快，還可以做什麼？

C2　　　：開很快都會塞車。

實習教師：這個車子是載油，要載去哪裡？

――――――――――

[1] C1、C2、C3……代表某位幼兒；C 代表數名幼兒。

C3　　　：開，開，開，很快就不用加油了。

實習教師：這個車子的油箱只有一點點，那麼多的油要送去哪裡？

〔幼兒沒有回應〕

實習教師：要送去給一個人。

C4　　　：我們家。

實習教師：你們家有加油的嗎？

C5　　　：加油站。

實習教師：油不能跑出來，遇到火很危險，用爸爸的車子只能載一點
　　　　　點。

C6　　　：摩托車呢？

實習教師：一樣。

　　上面所引是實習教師在「交通工具」單元的教學片段。檢視師生之間的談話發現，幼兒對教師所問問題，有些是沒有回答，更多是答非所問。類似這樣的師生談話，在幼兒園的課堂上所在多有，值得深入去探討。幼兒為何對教師所提問題沉默以對或答非所問，原因很多。若只從上引的例子來看，問題出在教師對知識本質缺乏了解，沒有根據知識的類別選擇適當的教學方法。

楔子二[2]

〔江老師拿出天秤〕

江老師：這個叫做什麼？

〔幼兒沒有回答〕

2　B1、B2、B3⋯⋯代表某位男童；G1 代表某位女童。

江老師：這個有名字，有沒有人知道？

B1　　：像蹺蹺板一樣。

江老師：像蹺蹺板一樣。

B2　　：秤重器。

江老師：叫秤重器嗎？

B2　　：它是一種玩具，因為下面有……〔聽不清楚〕

江老師：可是這個到底叫做什麼？

B3　　：秤來秤去的東西。

江老師：我請瑜說。

瑜　　：看哪一個東西比較重……〔聽不清楚〕

江老師：是，這要看哪個東西比較重，可是這個東西有名字喔。有沒
　　　　有人知道它叫什麼名字？

〔欣舉手〕

江老師：來，請欣回答。

欣　　：那個是要給人家量東西的。

江老師：對啊，沒有錯，這個是要量東西的，可是聽清楚我的問題。
　　　　來，它叫什麼名字？

G1　　：測量器。

B4　　：舉重器。

……

江老師：這個東西叫天秤。

　　　　上面所引是幼教現場教學觀察紀錄的片段，教學者已有多年的幼
教教學經驗。檢視這段紀錄的師生談話內容，和前一段實習教師和幼
兒的談話內容，可謂近似，都是在討論物品的名稱和功用。事物的名

稱和功用是不是知識？若是，它們是屬於哪一類知識？應該如何教學？若非，教師有沒有必要花時間和幼兒討論？是否直接教導即可？這些問題留待第二節再探討。

　　教師的知識論，亦即，教師認為知識是如何產生和獲得，影響其教育觀點。知識是如何產生，是哲學家一直在論辯的問題。哲學史上最重要的兩個派別：經驗主義和理性主義，對這個問題的主張有所不同。不同的知識論，連帶產生不同的教育觀。建構主義興起之後，教育界又將其與經驗主義和理性主義的知識論並列討論（DeVries & Kohlberg, 1987; Kamii & DeVries, 1999）。以下簡單探討這三種知識論及其所衍生的教育觀。

一、經驗主義

　　經驗主義的代表人物是英國科學哲學家 Francis Bacon 和哲學家 John Locke。今日教育界所熟知的「人性如臘板」的觀點，亦即，人無先天的觀念的主張，就是 Locke 所提出。經驗主義主張知識客觀存在於外在世界，個體透過感官經驗，獲得知識及形成觀念。所以經驗是知識的唯一來源，而感官獲得的經驗充實了空洞的心靈，當心靈慢慢熟悉這些經驗之後，最後這些經驗自然烙印在「記憶盒」裡（遠古時代的人尚不知身體哪個部位負責記憶，所以將負責記憶的器官稱為「記憶盒」）。所以，教育就是由外而內的灌入與教導（林玉体，1996；DeVries & Kohlberg, 1987; Kamii & DeVries, 1999）。

二、理性主義

　　理性主義的代表人物是法國哲學家 René Descartes 和德國哲學家 Immanuel Kant。從理性主義的觀點而言，感官知覺僅限於知覺層面，

無法轉換成知識。況且，我們有時可能被感覺所騙，我們所見不一定是外在世界真實的樣貌。知識來自於理性的運作，因此知識的產生是主觀的，而所謂知識即是領悟宇宙真理的內在觀念。Descartes的名言「我思故我在」（或譯為「思考是唯一確定的存在」）正是理性主義主張的最佳寫照。所以從理性主義的觀點而言，知識是主動思考產生，由此觀之，教育是要引出個體內在的觀念（DeVries & Kohlberg, 1987; Kamii & DeVries, 1999）。

三、建構主義

建構主義的思想淵源是瑞士心理學家 Jean Piaget。建構主義主張知識既不是現實世界的圖像或影本（翻版），也不是本體世界的符應。知識來自於行動（action），而行動包括身體的和心理的行動。處於感覺動作期、前運思期、具體運思期的個體都需要身體和心理的行動，只有處於形式運思期的個體，可以只有心理的行動。外在實體世界並非獨立於經驗個體而存在，它是透過個體的同化和調適（兩者合稱適應）等認知作用，以及對事、物、關係等經驗的組織而創造出來。所以，知識是在個體對外界訊息「詮釋」中產生，而教育是要引導個體進行建構（陳淑敏，2002a，2002b；陳淑敏譯，2010；DeVries & Kohlberg, 1987; Kamii & DeVries, 1999）。

以上三種知識論，最早產生的是經驗主義，而它的影響也最為深遠，至今仍有不少教師抱持這樣的知識論與教育觀。建構主義則是最後興起，但也是影響當今科學教育哲學的主要理論。

第二節　知識的類別

　　前述經驗主義和理性主義在探討知識如何發生時，並未將知識加以分類。至於建構主義的代表 Piaget，在探究知識是如何發生與發展時，則聚焦在物理知識（physical knowledge）和數邏輯知識（logico-mathematical knowledge）（DeVries & Kohlberg, 1987; Kamii & De Vries, 1999）。除了這兩類知識之外，Piaget 還提到另一類知識——「社會制定知識」（social-arbitrary knowledge）（DeVries & Kohlberg, 1987）。不過，Piaget 對這類知識的探究較少。何謂物理知識？何謂數邏輯知識？何謂社會制定知識？科學知識又是屬於這三類知識的哪一類？這三類知識究竟應如何學習？這些都是本節所要探討的問題，以下針對這三類知識之本質及其學習機制進行探討。

一、物理知識

　　物理知識是有關外在實體世界的知識，是關於物體特質的知識。幼兒天生對物體的好奇心是物理知識建構的起點，物體的特質（如重量）是獨立於幼兒而存在，必須透過幼兒對物體的行動而得，例如：幼兒拿起物體，並將注意力集中在物體的重量特質，而忽略形狀、顏色、紋理、軟硬等的其他特質，這樣的心智運作稱為簡單抽象化（simple abstraction），或稱為經驗抽象化（empirical abstraction）（DeVries & Kohlberg, 1987）。透過經驗抽象化，幼兒才能獲得關於物體重量的知識。除了拿起物體，其他如透過推、拉、丟等動作，對物體加以行動並觀察其反應，從而建構的也是物理知識。值得注意的是，物體的任何特質都獨立於個人之外而存在，要獲得關於外物特質

的知識，必須經由幼兒對外物的行動，不同的人在不同的情況對物體的特質可能產生不同的結論（引自 Dubinsky, 1991）。

物理知識既然是經由個人對外在世界行動從中抽取通則而獲得的知識，那麼個人對外物的行動，就是知識發生的重要機制，包括：對外物的主動注意及將這些經驗抽象化。所以，物理知識不是透過直接教導可以獲得，而是必須透過個體主動建構而產生。所以教師在教學中可以扮演的角色，主要是：提供與組織學習材料和情境以利幼兒操作及學習、觀察幼兒操作並適時提出適當的問題以引導幼兒注意及思考。

🌸 二、數邏輯知識

數邏輯知識不再侷限於個別物體的特質，而是個體內心創造出來物體之間的關係，例如：數量不是任一群物體本有的特質，而是個人內心所建構出來的物體關係。假設幼兒看到桌上的 5 個橘子，心中數算著「1、2、3、4、5，有 5 個橘子」，「5」並非這些橘子本身的特質，而是幼兒將這些橘子組合起來所建構的關係。如果幼兒將這 5 個橘子從大到小排序（可能實際動手操作，也可能只在心中運思），所建構的則是另一種關係。所以，這類知識是由個人主觀意識所建構出來物體之間的關係。換言之，數邏輯知識是個體內在產生的，完全是經由個體心智運作產生，而這類的心智運作，Piaget 稱為反思抽象化（reflective abstraction）（引自 Dubinsky, 1991）。反思抽象化不同於經驗抽象化，經驗抽象化是基於個別的行動，而反思抽象化則整合了一些行動（DeVries & Kohlberg, 1987），例如：注意到當球被推動時所發生的現象，這是個別的行動；而知覺到用較多和較少的力氣推球時，其移動的差異，則必須整合這兩次行動所產生的現象。當嬰兒開始能協調感覺—動作結構時，即展現了反思抽象化的能力（DeVries &

Kohlberg, 1987）。

Piaget 雖然將知識做這樣的分類，但他認為這兩類知識其實關係密切，例如：幼兒「看著」7 塊紅色和 3 塊綠色的積木，心中想著的是「紅色的和綠色的積木」。這時他一方面聚焦在積木的某些特質，另一方面他整體的認知關係網絡也被啟動了。換言之，知道那些積木之所以為積木，是因為他知覺到積木與其他物體相異的特質。至於能知覺到「綠色」，則是找出「綠色」這個特質與其他顏色的關係。這些關係網絡是幼兒能認得紅色與綠色積木的整體認知架構（DeVries & Kohlberg, 1987）。

🎏 三、社會制定知識

社會制定知識是指人為所制定或約定俗成的知識，例如：物體名稱、社會規則皆屬之。回顧本章之始的兩段楔子，其中之一是實習教師在和幼兒討論車子的名稱與功用，另一則是資深幼兒教師在和幼兒討論度量衡工具的名稱，他們在討論的都屬於這類知識。社會制定知識必須經由他人的教導才能獲得，例如：麻雀之所以叫「麻雀」，是人為制定的，既不能經由觀察，也不能經由心智運作得知。所以，教師沒有必要花費時間討論這類知識，直接告訴幼兒即可。

1965 年諾貝爾物理獎得主 Richard Feynman 回憶童年，他的父親如何引導他觀察自然界，因而引發他對科學探究的濃厚興趣時，即指出記誦事物的名稱（如鳥名）並不重要，重要的是要去觀察鳥的行為，再進一步去了解行為產生的原因（尹萍、王碧譯，1995）。黃敏晃（1998）也曾經提到，很多臺灣父母教導子女的常常是物體名稱這類知識，例如：這是「梅花」、那是「櫻花」，因為他們不知道應該如何教導子女。然而，不只是家長努力教導子女物體名稱這類的社會

制定知識,許多教師也是將物理知識和數邏輯知識當成社會制定知識在教導(Kamii & DeVries, 1999),他們都將科學知識視為真理,努力講解灌輸,要求學生記誦,而不是引導學生去建構知識。

基於前述,教師有必要先了解各類知識的本質及其學習方法,才可能使用適當的方法引導幼兒去探究外在世界,並建構對外在世界的理解。本書所探討的科學教學,是在引導幼兒探究科學知識,科學知識主要歸屬於物理知識,但也涵蓋數邏輯知識,因為科學知識的建構不僅涉及經驗抽象,有時也涉及反思抽象。如何引導幼兒學習科學知識,下一節將做更深入的探討。

第三節　傳統與現代的科學本質觀

本章第一節探討的是哲學上的知識觀點以及由其衍生的教育觀點,本節則聚焦於科學哲學以及由其衍生的科學教育觀點。從西方科學哲學的觀點而言,研究科學即是研究知識,要探討科學教育,首先應先探討科學(science)是什麼?科學知識如何產生?亦即,探討科學本質。唯有對科學本質有適當了解,教師才可能訂定適當的科學教育目標及選擇適當的教學方法。不過,對於科學知識如何產生,過去和現代的科學界有不同的看法,而這也影響了科學教育學者對科學教育的看法。究竟傳統與現代的科學本質觀各為何,它們又如何影響科學教育理念,有必要先行探討。

一、傳統的科學本質觀

1960 年代以前,科學界對科學本質(科學知識如何產生)的看法主要受到實證主義的影響。經驗主義的始祖 Bacon 即為實證主義之代

表。實證主義主張科學研究的目的是在檢驗自然界的事實（facts）。科學家從觀察自然現象提出假說，而觀察是絕對客觀的，假說經過實驗證實就變成科學理論或科學定律。科學理論與科學定律能完全無誤地反映自然現象，科學就是在探求真理（證明假說為真），科學理論或科學定律與真理是一致的。檢驗假說必須使用「科學方法」（scientific method），尤其是實驗法，去探究可觀測到的事實與真正存在的事實之間的關係，而 Bacon 主張使用歸納法（induction）來檢驗此兩者之間的關係。此後多年，歸納法一直是科學家得出理論或概括出定律的唯一方法（舒煒光，1994）。

✿ 二、現代的科學本質觀

1960 年代，受到 Karl Popper 與 Thomas Kuhn 的影響，科學界掀起了反實證主義的運動。不同於實證主義，Popper 主張沒有「純粹」（pure）的觀察，或者說絕對客觀的觀察，所有的觀察都有選擇性而且受到觀察者本身所抱持的理論之影響。再者，歸納法也不是科學研究與推論的唯一方法，理論必須具備否證的可能性（falsifiability）才可稱為科學，真正的科學理論只能被試驗（tested）與證明為假（falsified），而不可能證明為真（verified）。此外，Popper 反對實證主義的科學方法中所強調的邏輯推論，而強調創造性的想像在理論形成中所扮演的角色，他主張使用演繹法（deduction）從暫時性的假設推演出結論，將結論與其他有關的陳述加以比較，來確定假設是否為假，而不是將結論直接與事實加以比較。不過，Popper 認為科學的進步會使科學逐漸趨近真理（Popper, 1963; Stanford Encyclopedia of Philosophy, 1997）。

然而，對近代科學造成震撼影響的則是 Kuhn 的代表作《科學革

命的結構》一書。書中，Kuhn提出典範（paradigm）一詞，典範是程序（procedure）或觀點（idea）的集合體（collection），它引導著科學家內在的信念及作為。根據Kuhn的說法，事實雖然是原來的事實，但根據不同典範所看到的事實並不相同，因此科學家永遠不可能真正了解「真實世界」（real world）。換句話說，不同時代的科學家對如何進行科學研究及對自然現象的解讀有所差異，而這些都影響他們對自然現象的研究，因此科學家所了解的現實世界與真正存在的現實世界可能是有差距的。在常態科學下，大部分的科學家從未質疑典範，異常的事物常被忽視，直到累積到一定程度才會激起革命，此即典範的轉移。一個典範之所以能取代另一個典範並不是因為被證實或否證，而是因為其較能解決問題，亦即較為實用；所以科學的發展不是逐漸趨近真理，科學永遠不可能到達「絕對的真理」（absolute truth），科學家永遠不可能發現這個世界真正像什麼，因為「真理」終究是無法被科學家完全透徹了解的（Horgan, 2012）。

受到Popper與Kuhn的影響，當今科學界對「科學是什麼？」以及「科學知識如何產生？」有下列共通的看法（Lederman, Abd-El-Khalick, Bell, & Schwartz, 2002）：

1. 科學不等於科技，科學是科學家透過對自然現象的觀察及推論解釋，所建立的知識體系。

2. 科學知識雖然有一定的可信度和持久性，但並非絕對確定的，有可能會改變，例如：過去認為「天圓地方」，但是現在大家都相信「地球是圓的」；過去認為「地球是宇宙的中心」，但是現在大家都認為「太陽是宇宙的中心」。

3. 觀察是個體對感官所知覺到的自然現象加以陳述，推論則是對無法直接從感官所知覺到的現象加以陳述。

4. 科學理論是對無法觀察到的實質，假設其存在的一組假定，科學定律則是對所觀察的現象之間的關係所做的陳述。

5. 對科學現象做出解釋及提出科學理論都需要科學家的創造力。

6. 科學家抱持的理論及對學術的承諾、信念、先備知識及所受的訓練，以及個人對所探究現象的期望，受到所處的社會環境影響，而這些又都影響其研究及對所探究現象的解釋。所以，社會環境影響科學。另一方面，科學知識與理論的發明與創造又影響整個社會。

7. 科學探究（或稱科學研究）沒有一套食譜似的、科學家共同遵循的程序，也沒有唯一的探究方法。

對照現代的科學本質觀與傳統的科學本質觀，兩者有相當多的差異。Lederman（1992）回顧相關文獻，發現教師的科學本質觀會影響教師的教學行為、學生的科學本質觀及教室的學習氛圍，而大部分中、小學教師都是抱持傳統的科學本質觀。

針對國內幼教系學生所做的訪談發現，大部分職前幼兒教師（68.1%）認為科學就是做實驗，科學知識必須經過實驗證實；另有些（15.1%）認為科學即科技，科學是在改善人類生活；還有些（14.3%）認為科學在追求真理，科學知識即事實與真理。換言之，絕大部分受訪的職前幼兒教師是抱持著傳統的科學本質觀（Chen, Chang, & Kao, 2010）。針對幼兒園教師的科學本質與科學探究知識的研究，也發現大部分受訪的現職教師也是抱持著傳統的科學本質觀，包括：(1)視科學為科技或科學是在發現真理；(2)科學在研究具體可見的事物，觀察所見即為研究的結論，故科學研究不含科學家對觀察現象的推論；(3)科學研究是客觀的，不受科學家個人理論背景的影響；(4)科學知識的改變是因為科技的進步；(5)科學家的工作是在實驗室做

實驗，實驗有固定的步驟；(6)只有在研究的計畫階段，科學家才會使用創造力和想像力；所有的教師都不了解科學理論與定律如何產生及兩者之間的關係（Chen, 2010）。

<table>
<tr><td>第四節</td><td>現代科學教育觀</td></tr>
</table>

過去研究已指出，教師的科學哲學觀會影響其科學教育觀與教學行為（Lederman, 1992）。那麼，在科學哲學觀已然改變的今天，現代學者的科學教育觀為何？以下分別從科學教育目標、科學教育原則，實際進行探討。

🌼 一、科學教育目標

了解科學可以增進個人的滿足與生活樂趣，加上現今生活中常需使用科學資訊與科學思考來解決各種問題，培養國民的科學素養已成為世界各國科學教育的趨勢。為了培養國民的科學素養，美國為K～12 年級制定的「國家科學教育標準」（NRC, 1996），揭櫫如下的科學教育目標：

1. 提供學生了解自然界的豐富經驗與刺激。
2. 培養學生使用適當的科學歷程與原則做出決定的能力。
3. 培養學生關心科學與科技，並進行公開對話與辯論的能力。
4. 增進學生應用對科學的了解、知識與技巧於職涯中之能力，以提高經濟生產力。

教育部（2003）訂定的科學教育目標則為：使每位國民能樂於學習科學並了解科學之用，喜歡科學之奇，欣賞科學之美。此科學目標至少表現在三方面：(1)使科學紮根於生活與文化中；(2)應用科學方法

與科學知識解決日常生活問題，理性批判社會現象，並為各項與科學相關的公共事務做出明智的抉擇；(3)藉不斷提升科學素養，貢獻於人類世界的經濟成長與永續發展。根據此目標所擬定的幼兒園與中小學科學教育的展望是：提升每位學生的探究能力、創造力及批判思考能力，並培養具好奇心與科學倫理道德之良好科學態度。

對照美國與臺灣的科學教育目標，都強調培養所有國民的科學素養，而科學素養包括對科學概念與科學探究歷程的認知，應用科學認知於生活與工作以解決問題，促進社會發展與經濟成長。《天下雜誌》針對學生所做的科學教育調查，距離教育部（2003）訂定的科學教育目標已有七年，但當時臺灣的科學教育狀況，與培養具備科學素養的公民之目標卻還有很大的距離。

✿ 二、科學教育原則

當今科學界不再視科學為真理或自然界的映像，而是科學家使用理論與模型（model）對世界所做的表徵（Hacking, 1995），例如：組成物質最基本單位的原子，其結構非肉眼或高倍數的顯微鏡可觀察得到，而我們在教科書上看到的原子結構圖是科學家透過各種實驗後，對原子結構所做推論所創造出來的模型。換言之，科學家使用原子結構圖來表徵其對原子可能結構的推論。隨著科學研究的進步，科學家對原子結構有了不同的推測，因此所畫出的原子結構模型也有改變。因此，教育改革者呼籲科學教育不宜再將科學當作真理與事實，以傳統的直接教學進行知識的灌輸，而應引導學生對科學家如何表徵世界加以了解（McComas, Clough, & Almazroa, 1998）。了解科學家如何表徵世界應聚焦於理論、自然界與證據三者之間的關係（Giere, 2004），而科學探究（scientific inquiry）即是科學家探究此三者之間

關係的方法。

Hacking（1992）指出科學探究包括三類要素：(1)觀點（ideas），係指問題、背景知識、理論與假設；(2)事物（things），係指所要探究或用以探究的物質；(3)記號（marks）及其操弄，係指資料、資料處理與解釋；找出此三要素之間的連結，科學探究即可達穩定狀態。簡言之，科學家用來產生科學知識的科學探究，其歷程包括：提出假定（或理論）、創造模型、形成假設、驗證假設、蒐集資料、提出解釋，以及做出結論，但此歷程並沒有固定的步驟（Giere, 2004）。

科學教育應引導學生像科學家般進行科學探究，以了解科學是什麼，以及科學知識如何產生（Duschl & Grandy, 2008; NRC, 1996）。教導學生對科學探究的了解也是培養科學素養的核心任務之一（Schwartz et al., 2002），而實施科學探究教學是達成前述任務的方法。

第五節　傳統的科學教學與探究取向的科學教學之比較

傳統的科學教學植基於實證主義的科學觀，視科學為真理，重視科學知識的講述與灌輸，是以教師為中心的教學。當今仍有很多教師抱持這樣的科學本質觀，進行傳統的直接教學，目的在將如同真理般的科學理論與科學知識烙印在學生的腦海中。相對於傳統的科學教學，立基於現代的科學本質觀之科學教學，又是如何？

提問是教學中很重要的技巧，因此有研究針對實施傳統教學及實施探究取向教學的教師，其在教學中所扮演的角色與提問加以比較，

發現：實施傳統教學的教師也常提問，但提問的目的和實施探究教學的教師有所不同，而其學生對教師問題的回答，也有很多的差異，這些差異臚列如表 2-1 所示（Kawalkar & Vijapurkar, 2013）。

從表 2-1 可見，傳統的科學教學是要灌輸學生科學知識，教師提問的目的是在評量學生能否正確記憶教師所灌輸的知識，然而學生多半未能真正了解教師所教，所以只能以零碎片段的語詞回答。相對地，科學探究教學是要引導學生像科學家般地去探究自然界，教師提問具有多種功能，包括引導學生觀察自然現象、對所觀察的現象提出假設及做出合理的解釋，並能與同儕進行討論與辯駁，最後還能統整同儕的觀點，做出最合理的解釋並與科學家的解釋加以連結。

表 2-1　傳統教學與探究教學的教師角色與提問及學生的反應

傳統教學	探究教學
教師操作實驗並解釋科學概念。	教師吸引並引導學生進行探究、觀察及做出解釋。
教師的職責是提供清楚而詳細的解釋。	教師的職責是引出、挑戰及鷹架學生的思考，並鼓勵學生多做回應。
教師鼓勵學生發問，但未進行討論，問題提出後，接受或糾正學生的答案，但甚少針對學生的回答繼續提問。	教師持續提問開放性問題，引發討論與辯論，及對他人的觀察、假定與推理提出質疑。
學生通常以單一、片斷的語詞齊聲回答教師的問題。	學生嘗試提出自己的觀點或解釋，但不一定是回答教師的問題，通常以完整的片語與句子表達。

第三章

幼兒科學教育現況
與科學探究教學

幼教界一向強調實施統整課程，但任一「單元」、「主題」或「方案」的選擇，都很難統整所有的課程領域，其中科學領域最常被忽略，科學教育一直是幼兒園各領域教學中最弱的一環。幼兒園如何進行科學教學？幼兒教師在實施科學教學所應具備的知識為何？都是本章要探究的問題。

第一節　幼兒科學教育現況

國內幼兒園的科學教學大都是由教師先進行知識的教導，幼兒再依照教師的指示去操作，而標榜開放教育或以幼兒為中心的學習，則是提供幼兒操作而缺乏教師適當的引導（高敬文等人，1989；陳淑敏，2002a，2004）。近來，還有些教師將參加科普活動所學，在課堂上像表演魔術般地進行科學教學。像這樣將科學教學當成魔術表演的情況，在美國的幼兒園也常可見到（Gelman & Brenneman, 2004）。

希臘研究者（Kallery, Psillos, & Tselfes, 2009）觀察了當地 11 位幼兒教師，每位教師四節課的科學教學，全是以物理為主題的教學，他

們所觀察到的典型的教學活動，包括：師生共同閱讀圖畫書，實驗示範，要求幼兒描述、預測與解釋，教師提供解釋，要求幼兒分類物品，提出問題讓幼兒解決，教師以科學概念或觀點解釋所探究的現象及做出結論。如果純粹只從研究者所列的這些教學活動，很多人會以為這樣的科學教學是探究型式。事實上，近來臺灣幼兒園的科學教學，所進行的活動和Kallery等人所觀察到希臘幼兒園的科學教學有些類似，也常使用圖畫書進行師生共讀，再進行實驗示範、教師提供解釋，及教導科學概念（陳淑敏，2011，2012，2014；陳淑敏、張靜儀、高慧蓮，2007），幼教界甚至認為幼兒園的科學教學就該如此進行。

Kallery 等人（2009）引用 Hacking 的觀點進行分析，發現幼兒教師的科學教學有如下的缺失：(1)未能引導幼兒將預測或假設與證據連結，致使預測流於猜測；(2)教師未能針對幼兒的既有觀點，提供適當物品進行實驗，因而無法蒐集到適當的證據；(3)教師未能引導幼兒做出解釋，而是自己做出解釋，甚至強化了幼兒所提出的擬人化解釋；(4)未能引導幼兒將物品特質與證據連結；(5)未能引導幼兒從觀察中找出型態（pattern）或趨勢（trend）。這些教學缺失大都導因於對教材內容與科學教學方法的缺乏了解，因而未能選取適當的主題與教學資源進行科學活動，也難以將教材內容適當轉化成幼兒可以了解的知識（Kallery, 2004; Kallery et al., 2009）。事實上，這些缺失多年來同樣也存在於臺灣幼兒園的科學教學。因此，增進幼兒教師對科學探究的了解與教學實作能力實有必要。

第二節　科學探究教學在幼兒園實施的適當性

　　幼兒園是否適合實施科學探究教學，普遍存在諸多迷思，其中主要有三：(1)探究是相當複雜的歷程，對幼兒而言過於困難，幼兒不可能經由探究學習；(2)探究教學是由幼兒負責蒐集學習資源與資訊，教師無須教導；(3)教師要教導的知識領域很多，探究過於費時，難以實施（Pataray-Ching & Roberson, 2002）。

　　以下先從幼兒社會與認知發展的三個特質加以探討，相信從幼兒所展現的認知能力，足以證明，幼兒有動機，也有能力去進行科學探究。

一、幼兒對周遭世界充滿好奇心

　　從情意層面而言，幼兒對科學有濃厚的興趣，因為他們對這個世界、對科學歷程以及造成科學現象的原因和機制都充滿好奇（Lind, 1998; Zacharia, Loizou, & Papaevripidou, 2012）。所以，應儘早讓幼兒經驗科學探究，以滿足幼兒對自然現象的好奇以及對科學探究的興趣。

二、幼兒能超越視覺線索去推論實體

　　從認知層面而言，心理學的研究一再顯示嬰幼兒已發展出相當的認知能力，而這些能力也足見科學探究教學在幼兒園實施的適當性。打從出生開始，嬰兒就主動在探索周遭的世界，即使不會爬行或走

路，但透過視覺的使用，4 個月大的嬰兒知道被他物部分遮蔽的物體，是一個完整的物體而非兩個破碎的物體（如圖 3-1 所示）；這看似兩個破碎的物體，在遮蔽物後面移動，若其邊緣同時移動，嬰兒也知道這兩個物體其實是一個物體。換言之，嬰兒知道看起來分開的兩個物體其實是結合在一起的（cohesive），也就是每個物體都有它的邊界（boundedness）（Spelke, 1990）。另外，嬰兒也知道先前見過的物體在被他物遮蔽之後，它們仍然在那個位置，且維持原來的形狀和大小（Baillargeon, 1993）。到了 2 歲半，幼兒知道若沒有遇到障礙物，物體的移動路線是連續而非間斷的（Spelke, 1991）。

　　此外，發展心理學的研究又顯示：4 歲和 5 歲幼兒已能超越物體的外顯特徵，從其本質去將動物和非動物加以分類（Gelman, Coley, &

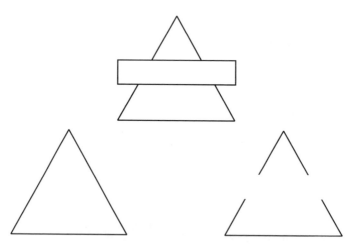

🌑 圖 3-1　嬰兒對中間部分被他物遮蔽的物體之知覺

註：上圖：被他物遮蔽的三角形
左下圖：合乎嬰兒的預期（注視時間較短）
右下圖：出乎嬰兒的預料（注視時間較長）
資料來源：Spelke（1990）（已徵得 Spelke 同意使用此圖）

Gottfried, 1994; Simons & Keil, 1995），且已具備特定領域的抽象概念，例如：當被問到動物的內在時，4歲和5歲幼兒最常提到的是血、骨頭、心臟，然而這些回答都不會出現在「非動物的內在有什麼？」的問題（引自 Gelman, 1990）。其他有關的研究發現，參見第四章「幼兒的科學先期概念」。

三、因果推理能力在幼兒階段逐漸發展

進行科學探究所必須具備的因果關係推理能力，在學前階段開始逐漸發展。由於因果關係推理能力是科學探究所必須具備的能力，以下將引述四個支持這個論點的相關研究，並詳細介紹其晤談過程，讓讀者了解研究者如何從幼兒對問題情境的反應做出這樣的推論。

（一）Schulz 與 Bonawitz（2007）的研究

研究者以48～70個月大幼兒為對象，以下列的程序進行施測：實驗者和幼兒並排而坐，邀請幼兒一同遊戲。接著，實驗者拿出一個覆蓋著紅毛氈的雙層箱子，並揭開紅毛氈。接續的施測情境有二：(1)混淆情境，實驗者說：「你壓下你的控制桿，我也同樣壓下去。準備好，1、2、3，壓。」當兩支控制桿同時下壓時，就有一隻玩具鴨子和一隻玩偶從箱子中央彈跳出來，但無法看出這兩支控制桿，哪一支控制鴨子，哪一支控制玩偶。當兩人同時放掉控制桿時，鴨子和玩偶又回到箱子裡面。如此，反覆玩了三次；(2)不混淆情境：和混淆情境類似，但實驗者和幼兒同時壓桿只有兩次，接著輪流壓桿。實驗者說：「你先，1、2、3，壓。」幼兒壓下桿子，鴨子上彈。然後，實驗者說：「輪到我。」等幼兒放掉桿子，實驗者說：「1、2、3。」接著，壓下桿子，玩偶上彈。研究發現：有75%的受測幼兒能從不混淆情境

所得證據，去推測混淆情境中，究竟是哪一支桿子控制鴨子，哪一支控制玩偶。研究顯示，4 歲幼兒已能區辨混淆與非混淆情境的證據，能從非混淆情境之所見去推測混淆情境中導致某種結果的可能原因。

（二）Tullos 與 Woolley（2009）的研究

這個研究的程序如下：實驗者先說一個自編的故事，內容是：有位專門尋找新奇動物的科學家，當他找到新物種就會將牠裝在箱子運回實驗室。科學家將找到的新奇動物都繪製圖卡（新奇但真實的動物，圖卡中的動物大小和真實的動物相同，而且從該研究之預試已確定幼兒都不認識這些動物），也將他所想像未來可能找到的動物（想像的動物）繪製圖卡。後來，這兩種卡片不幸弄混了，而科學家又忘記哪些是真實的，哪些是他所想像的動物。說完故事，實驗者請幼兒打開科學家運回的箱子，看看箱子裡有沒有動物遺留的東西（證據）。在此同時，實驗者讀出對動物特徵的描述，例如：扭角羚吃嫩枝，凡是牠們去過之處都有嫩枝遺留。箱子裡可能有支持性證據或無關證據，也可能沒有證據。實驗者提供的證據都是實物，例如：樹皮、嫩枝、石頭、松果、玉米粒、鳥羽毛、樹葉、葵花子等。幼兒必須根據箱中動物所遺留的證據，幫忙科學家判定是哪一種動物。實驗者提問的問題是：(1)你認為這個箱子裡是否曾經有動物？有，還是沒有？你認為是哪一種動物曾經在這個箱子裡？(2)那隻動物是真實的，還是想像的？

研究者透過上述程序蒐集資料，再將資料加以整理，結果顯示：在 4～6 歲之間，若不需要使用特定領域的知識，幼兒使用物質證據（physical evidence）來推斷新奇物體（novel entity）究竟是真實的，抑或是想像的能力顯著增加。

（三）Koerber、Sodian、Thoermer 與 Nett（2005）的研究

研究者以4～6歲幼兒為對象，施予兩類測驗：(1)「假證據測驗」（Faked Evidence Tasks）：此類測驗是評量在先後提供「正確」和「錯誤」兩組相反證據後，幼兒能否正確推論只見到「錯誤」證據的第三者所能做出的推論；(2)「部分證據測驗」（Partial Evidence Tasks）：此類測驗是評量在提供部分證據下，幼兒對共變型態（patterns of covariation）的了解。

這個研究的施測程序如下：

實驗者首先介紹兩個布偶，分別叫做威利和約翰。在接續的四個測驗都將邀請他們參與。

（1-1）「先有信念測驗」（Prior Belief Tasks）：此測驗是讓幼兒先熟悉測驗方式，及評量其先有信念。實驗者告訴幼兒，這個小孩（手中布偶）名叫威利，他認為嚼綠色口香糖會掉牙齒，實驗者問幼兒：「威利認為嚼哪一種口香糖會掉牙？」接著，實驗者出示相反證據的圖片（其中 10 張有紅色口香糖和缺了牙的兒童，另 10 張有綠色口香糖和擁有健康牙齒的兒童）。實驗者問幼兒：「現在威利會怎麼說？他會認為嚼哪一種口香糖會掉牙？」

（1-2）「假證據測驗」：實驗者和受測幼兒將證據調換（將紅色口香糖和缺了牙的兒童之圖片，換成綠色口香糖和缺了牙的兒童），來騙不在場的約翰（另一布偶）。接著，約翰出場，實驗者問幼兒：「約翰會怎麼說？他會認為嚼哪一種口香糖會掉牙？」

（2-1）「充分證據／不完全共變測驗」（Full Evidence/Incomplete Covariation Tasks）：首先，實驗者出示 20 張圖片，其中 16 張混合了藍色手帕／紅鼻子，和黃色手帕／健康鼻子兩種情況的圖片（兩

者各 8 張），還有 4 張混合了藍色手帕／健康鼻子，和黃色手帕／紅鼻子兩種情況（兩者各 2 張），並請幼兒針對這些圖片做出解釋。

（2-2）「部分證據／反向的完全共變測驗」（Partial Evidence/ Perfect Covariation in the Reverse Direction Tasks）：實驗者請受測幼兒幫忙從 20 張圖片抽掉一些，只留下 4 張，其中 2 張是黃色手帕／紅鼻子，另外 2 張是藍色手帕／健康鼻子（與先前藍色手帕／紅鼻子，和黃色手帕／健康鼻子各 8 張的完全共變情況剛好完全相反），來騙不在場的威利。請威利出場之後，實驗者問：「威利會怎麼說？他會認為哪一種手帕造成紅鼻子？」之後，再出示所有的圖片，再問：「威利看到這些圖片，他會怎麼說？」

（2-3）「部分證據／無共變測驗」（Partial Evidence/Non-Covariation Tasks）：實驗者和受測幼兒再度合作來欺騙約翰，只選出 8 張圖片（前面所提 4 種情況各 2 張，所以是沒有共變）。請約翰出場之後，實驗者問：「約翰會怎麼說？他會認為哪一種手帕造成紅鼻子？」之後，再出示所有的圖片，再問：「約翰看到這些圖片，他會怎麼說？」

經由上述程序蒐集資料，再加以整理之後，研究者發現：(1)「先有信念測驗」（1-1）和「假證據測驗」（1-2）合計，4、5、6 歲分別有 73%、88%、91% 的幼兒能正確回答；(2)在「充分證據／不完全共變測驗」（2-1）中，4、5、6 歲分別有 71%、91%、90% 的幼兒能正確回答；(3)在「部分證據／反向的完全共變測驗」（2-2）中，4、5、6 歲分別有 90%、87%、91% 的幼兒能正確回答；(4)在「部分證據／無共變測驗」（2-3）中，4、5、6 歲分別有 19%、39%、50% 的幼兒能正確回答。研究者根據這些研究結果，做出的結論是：對假設與證據之間關係的了解，在 4～6 歲之間逐漸發展。

（四）Piekny、Grube 與 Maehler（2014）的研究

這是一個縱貫型研究，在參與幼兒4、5和6歲時分別施予下述測驗：(1)「證據評估測驗」：此測驗修改自前述 Koerber 等人（2005）之設計；(2)「實驗測驗」：此測驗修改自 Sodian、Zaitchik 與 Carey（1991）之設計。「證據評估測驗」的施測程序如下：實驗者先介紹玩偶小剛，並告知小剛認為嚼綠色口香糖會造成蛀牙。接著，實驗者擺出第一組圖片（受測幼兒左邊是10張健康牙齒／綠色口香糖，右邊是10張蛀牙／紅色口香糖的圖片）。然後問幼兒：「看了這些圖片，小剛會認為哪一種口香糖對牙齒有害？」（完全共變）。接著再問：「在沒有看到圖片之前，小剛認為哪一種口香糖對牙齒有害？」之後，實驗者擺出第二組圖片，從左到右依序是8張蛀牙／黃色口香糖，2張蛀牙／藍色口香糖，2張健康牙齒／黃色口香糖，8張健康牙齒／藍色口香糖。接著問幼兒：「看了這些圖片，你認為哪一種口香糖對牙齒有害？」（不完全共變）。之後，將8張蛀牙／黃色口香糖，及8張健康牙齒／藍色口香糖的圖片藏起來。然後，布偶小明出場，實驗者問：「如果小明只看到剩下的這些圖片，他會認為哪一種口香糖對牙齒有害？」（反向的完全共變）。接著，又將剛才被藏起來的圖片擺出來，再問：「如果小明看了所有圖片，他會認為哪一種口香糖對牙齒有害？」（不完全共變）。之後，6張混合蛀牙／黃色口香糖和健康牙齒／藍色口香糖的圖片被藏起來，布偶小剛再度出現，實驗者問：「如果小剛只看到這些圖片，他會認為哪一種口香糖對牙齒有害？」（沒有共變）。最後，被藏起來的圖片再次被擺出來，再問：「如果小剛看到所有的圖片，他會認為哪一種口香糖對牙齒有害？」（不完全共變）。

　　「實驗測驗」的施測程序如下：實驗者告訴受測幼兒，布偶阿國和阿明知道他們的地下室有隻老鼠，但是他們從來沒見過，因為牠只在晚上出來。阿國認為那是一隻大老鼠，而阿明認為是一隻小老鼠。接著施予幼兒兩個測驗，一個是「餵食測驗」（Feed Tasks），另一個是「發現測驗」（Find Out Tasks）。「餵食測驗」的施測程序如下：實驗者告訴幼兒，阿國和阿明想餵食那隻老鼠，接著出示兩間用盒子做的小屋，並且說明如果老鼠可以鑽進小屋的門口，就可以吃到食物。接著，又說阿國和阿明想知道老鼠是否有進入小屋吃掉食物。然後問幼兒：「阿國和阿明應該把食物放在哪一個小屋，老鼠才能吃得到？」（正確答案：有大門的小屋）。「發現測驗」的施測程序如下：實驗者告訴幼兒，阿國和阿明想知道那隻老鼠是大隻的，還是小隻的？如果他們想知道，應該將食物放在哪一個小屋？（正確答案：有小門的小屋），再請幼兒說明理由。接續，又問：「如果阿國和阿明將食物放在有大門的小屋，隔天早上看到食物被吃掉了，他們能確定老鼠是大隻的，還是小隻的嗎？」（不確定測驗，答案：不能）。之後，再問：「如果阿國和阿明將食物放在有小門的小屋，隔天早上看到食物被吃掉了，他們能確定老鼠是大隻的，還是小隻的嗎？」（確定測驗1，答案：可以）。最後，再問：「如果阿國和阿明將食物放在有小門的小屋，隔天早上看到食物還在，他們能確定老鼠是大隻的，還是小隻的嗎？」（確定測驗2，答案：可以）。

　　Piekny等人總結上述受測幼兒的表現，指出：當證據支持有因果關係存在時，4歲幼兒能正確解讀完全共變的資料；幼兒在這方面的能力，在4～5歲之間顯著進步，而且幼兒不需要理解什麼是共變，就能解讀完全共變的資料；在4～6歲之間，幼兒逐漸發展出從證據推論實體的能力（Piekny et al., 2014）。

　　上述研究都顯示，幼兒的因果關係推理能力在4～6歲之間逐漸發展，亦即，4～6歲幼兒已具備基本的科學探究能力。此外，發展心理學者認為兒童的學習機制類似科學理論的形成（Wellman & Gelman, 1998），而科學理論的形成即是經由科學探究。因此，對幼兒而言，科學探究教學可謂「適性」（developmentally appropriate）教學。近來的研究也發現接受探究教學的幼兒對生物概念與科學探究歷程的了解，較接受傳統教學的同齡幼兒為佳（Samarapungavan et al., 2008）。在經歷探究教學之後，幼兒對物理概念的了解、推理能力及科學學習的興趣都有明顯進步（陳淑敏，2014）。

　　顯然，科學探究教學不但適合幼兒，還能增進幼兒對科學概念的了解，又能提升幼兒的認知能力及學習興趣。事實上，早在幼兒的基本探究能力被發現之前，已有學者指出：學前教育的目標在充分發展幼兒對周遭世界的好奇心，並拓展幼兒探究世界所需的程序及思考技巧，由此增進幼兒的科學知識及科學概念（Bredekamp & Rosegrant, 1995）。雖然學前幼兒不一定能迅速而精確地了解科學概念，但提供科學學習能增加背景知識及先導概念，對往後科學概念的學習應有助益（Havu-Nuutinen, 2005）。因為有相當深厚的學理依據及研究支持，當今世界上很多國家的教育部都規定，從幼兒園開始實施探究教學，例如：美國的「國家科學教育標準」（NRC, 1996, 2000）、臺灣的「科學教育白皮書」（教育部，2003），以及以色列的「公立與教會幼兒園科學與科技課程」（引自 Spektor-Levy, Baruch, & Mevarech, 2013）。

第三節 幼兒從科學探究教學培養的探究能力

統整發展心理學與科學教育界對幼兒認知與學習能力的研究，美國「國家科學教育標準」揭櫫，科學探究教學不只適合在幼兒階段實施，還能培養幼兒如下的探究能力（NRC, 1996）：

1. 提問科學問題：能針對環境中的物體、有機物與事件提出問題，並嘗試經由訊息蒐集、觀察與探究回答問題。

2. 實施科學探究：進行系統性的觀察以回答問題，及使用簡單的設備與工具（例如：尺、溫度計、天秤、放大鏡）蒐集資料。

3. 透過觀察針對探究的問題建構合理的解釋：能知道證據是由什麼組成、能判斷證據的優點與效力、能使用證據支持所做的解釋。

4. 發表科學探究與解釋：能發表、評論及分析自己與同儕的探究工作。

前述心理學與科學教育的研究，已發現幼兒具備科學探究的初始能力，然這樣的能力若沒有提供適當的環境加以培養，則不能成長茁壯。實施探究教學即是提供幼兒探究能力成長的環境，而這些能力包括提問科學問題、實施科學探究、建構合理解釋，最後能發表所做的科學探究及對探究結果提出解釋。

第四節　科學探究教學與「幼兒園教保活動課程大綱」的契合

　　最近幾年，幼教界努力推行「幼兒園教保活動課程大綱」（教育部，2016），強調以發展領域取代過去以內容領域為主軸來設計課程。對照課程大綱的認知領域與探究教學所揭櫫的目標及實施原則，實有許多共通之處。

　　「幼兒園教保活動課程大綱」將對「自然現象」的學習歸屬於認知領域，而認知領域強調問題解決思考歷程能力的培養。問題解決涉及個體對外在訊息的關注與察覺、從已有概念中尋找與這些訊息的關聯，形成新的經驗，並能將獲得的經驗應用到實際的生活情境中，其歷程包括「蒐集訊息」、「整理訊息」及「解決問題」。類似地，科學探究也在找出觀點、事物與證據之間的關聯，其歷程包括：提出問題、做出假設、蒐集訊息、整理訊息，以及做出解釋與結論。從廣義而言，能從所整理的訊息，做出合宜的解釋與結論，也是一種問題解決。再從科學探究教學的目的來看，它是要培養學生能運用科學知識與科學思考，在生活當中做出明智判斷與決定的能力，而這就是問題解決的最佳表現。

　　此外，探究取向的科學教育與「幼兒園教保活動課程大綱」都強調提供學生主動參與、動手操作（hands-on）、用心思考（minds-on）的學習經驗，從而培養學生的認知能力（例如：訊息處理能力、因果關係推理能力），對周遭事物的好奇、關懷與學習興趣，以及應用所學處理生活事物的能力。

　　從上述的探討可知，科學探究教學與「幼兒園教保活動課程大綱」所主張的教育目標與教學原則可謂契合。

第五節　適合幼兒的科學探究教學型式

　　雖然科學教育界主張各階段的科學教育都採取探究取向，但不同教育階段的學生心智發展的成熟度不同。因此，在實施探究教學時，作法上仍有些微的差異。以下從學習結構與教師指導量，探討適合幼兒園的探究教學型式與模式。

✿ 一、從學習結構而言

　　從學習的結構而言，幼兒科學教育的教學型式，包括：自發性（naturalistic or spontaneous）、非正式（informal），以及結構性的學習型式（Lind, 1998）。幼兒科學探究教學同樣也可以以這三種型式實施，然此三種方式並非截然劃分。幼兒個人自發的探究，因個人對探究的熱誠與堅持，可能點燃其他幼兒的興趣，教師可藉此鼓勵其他幼兒的參與，轉變成小組非正式的探究，再進而引發全班甚至全園的參與。

　　以方案課程聞名的義大利Reggio Emilia市立幼兒園，曾經進行過數個成功的科學探究方案，其中有些是從少數幼兒的自發性探究開始，例如：「鳥的遊樂園」，而後還發展成全班甚至全員參與的結構性探究。不過，並非所有Reggio Emilia市立幼兒園的方案都是從幼兒自發性探究發展而來。根據筆者對該幼教系統所出版的文獻之閱讀與實地訪查，發現方案產生的方式，包括：學期開始之前由教師決定，和從師生或同儕談話或共同活動中萌發。不過，大部分的教學主題都

是教師在學期開始之前即已決定（陳淑敏，1998）。當然，傾聽幼兒
言談和留心觀察幼兒行為，從中了解幼兒的興趣與發展，都是教師決
定教學主題的重要參考。所以，方案名稱的決定，不必然都是從與幼
兒討論中產生。同理，究竟要探究哪個自然現象，教師可以在教學之
前即已擬定，如此有更充裕的時間去蒐集教學資源與設計教學情境。

　　以下簡單介紹不同學習結構的探究教學型式之學理基礎和實施方
式（Lind, 1998）。

（一）自發性探究

　　自發性探究是由幼兒啟動，幼兒好奇的天性可能引發其對周遭生
活環境的觀察並產生疑問，進而想找出問題的答案，這是認知發展處
於感覺動作期與前運思期的幼兒主要的學習型式，但是年齡稍長的幼
兒也能從中獲得學習。豐富的學習環境是引發自發性探究的重要條
件，教師宜提供豐富的學習資源和情境設計，讓幼兒透過各種感官去
試驗自己的想法與疑問。教師還要仔細觀察幼兒的學習行為，適時給
予鼓勵與讚美，如此將有助於帶動更多自發性的科學探究。

（二）非正式探究

　　教師可在幼兒進行自發性探究一段時間之後，順勢啟動非正式的
探究。這種學習型式不是事先規劃，而是在適當時機引入，例如：當
幼兒在自發性探究中遭遇困難或瓶頸，教師引導其他有興趣的幼兒加
入，並提供線索和資源，讓幼兒透過與同儕的合作探究，使問題獲得
解決，從而建構對現象的了解。又如，幼兒顯現迷思概念時，教師也
可適時啟動非正式的探究，引導幼兒建構科學知識。

（三）結構性探究

結構性探究是教師事先規劃的探究課程與活動，教師可從平日對幼兒學習的觀察，及對幼兒發展的了解，提出能吸引幼兒興趣且適合幼兒探究的問題，並選擇適當的學習資源，提供幼兒操作試驗，同時給予適當的引導。

然而，在臺灣師生比例 1：15 的情況，幼兒要能持續進行自發性探究與非正式探究，且獲得教師適時的引導，實屬不易。再者，從當今盛行的學習社群或學習共同體的觀點而言，同儕之間的知識分享與溝通討論，更能提升學習的興趣及增進知識的建構。因此，結構性探究或許是臺灣幼兒園實施科學探究較為可行的方式。不過，結構性探究絕非全班一致性的團體直接教學，結構性探究雖然是教師事先規劃的課程，但可以使用分組活動的方式進行，讓幼兒在教師的引導下主動建構知識，而非被動的接受教師知識的灌輸。

二、從教師的指導量而言

科學探究教學適合在各教育階段實施，但是教師所提供的引導及賦予學生責任的多寡，應隨學生心智發展的差異而有所調整。美國「國家科學教育標準」從探究的五個基本特徵、學習者自我指導量及教師或教材提供指導量的多寡，列出探究教學型式的可能變化如表 3-1 所示（NRC, 2000）。

● 表 3-1　探究教學的基本特徵及變化

基本特徵	變化			
・學習者致力於科學取向的探究問題。	學習者提出問題。	學習者選擇問題。	學習者凝聚或澄清教師所提供之問題、材料或其他資源。	學習者進行教師所提問題、材料或其他資源。
・學習者優先思考問題的證據，以回應問題。	學習者決定需要哪些證據並蒐集。	學習者依指示去蒐集資料。	教師提供資料，學習者去分析。	教師提供資料，及告知如何分析資料。
・學習者根據證據，做出解釋。	學習者在概括證據後，做出解釋。	學習者經引導後根據證據做出解釋。	提供學習者使用證據做出解釋的方法。	提供學習者證據及如何使用證據做出解釋。
・學習者將所做解釋與科學知識連結。	學習者獨自檢視其他資源，並與所做解釋連結。	將學習者導向科學知識領域及來源。	提供學習者可能的連結。	
・學習者傳達（溝通）及辨明所做解釋。	學習者做出合理的辯證以傳達（溝通）所做解釋。	指導學習者溝通。	提供學習者概括的指引以凝聚溝通。	提供學習者溝通（傳達）的步驟和程序。
	多----------------------學習者自我指導的量----------------------少 少------------------從教師或教材所獲指導的量------------------多			

在表 3-1 中，從右到左，教師的指導量逐漸減少，而學生的自我指導量則相對增加。學前階段較適合實施引導式探究（guided-inquiry），因為幼兒需要教師較多的引導，探究的問題可由幼兒或教師提出（Samarapungavan et al., 2008），而學習的材料與資源則需要教師審慎選擇並提供（陳淑敏，2014；Kallery et al., 2009），資料的蒐集與分析及證據的解釋也需要教師的引導（陳淑敏，2014）。經由

教師引導，幼兒也能使用證據做出解釋，但要將解釋與科學家所做的解釋連結則尚有困難（陳淑敏，2014；Havu-Nuutinen, 2005），因此幼兒只要能根據所得到的證據做出合理的推論與解釋即可。

🌀 三、幼兒階段的科學探究教學模式

筆者參考表 3-1 所列探究教學的基本特徵和變化，整理出適合幼兒階段的探究教學模式，如圖 3-2 所示，並將其應用在與幼兒教師合作進行的探究教學研究（陳淑敏，2011，2012，2014）。

使用上述科學探究模式，加上教師適當的引導，不僅能提升幼兒的探究能力，及對探究歷程的了解，還能增進幼兒對所探究的科學概念有較高層次的認知（張莉莉、王睿琪、陳淑敏，2012；陳淑敏，2014；楊麗仙，2013）。

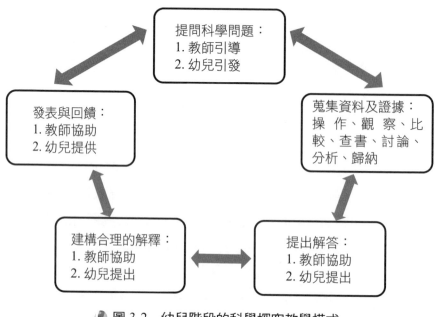

🌐 圖 3-2　幼兒階段的科學探究教學模式

第四章

幼兒的科學先期概念

在接受正式的科學教育之前，兒童透過生活經驗已然建構對周遭自然界的豐富認知。對兒童科學先期概念的研究，Piaget 可謂開啟先河，主張多元智能的 Howard Gardner 曾經盛讚 Piaget 是第一位認真看待兒童的心理學者。Piaget 使用臨床晤談法，探究兒童對物理世界的認知，也開啟了心理學界對兒童認知發展的了解。不過，臨床晤談要求兒童回答相當多「Wh-」的問題，而學齡前幼兒受限於語言能力，常常未能了解問題，或未能適當表達其觀點（DiGennaro, 1977; Hughes & Grieve, 1993），能力因而常被低估。

之後，發展心理者使用不同的施測方法探究幼兒的科學概念，例如：使用較符合幼兒心智發展的工具、提問幼兒較能了解且不需使用較多語言回答的問題，幼兒因此展現了對科學概念較成熟的認知。

了解學生在教材內容的先備知識是實施有效教學的必要條件之一（Shulman, 1987）。不過，幼兒教師對幼兒在教材內容已有的先備知識與先期概念同樣缺乏了解（Kallery, 2004; Kallery et al., 2009）。因此，要提升幼兒園的科學教學效能，幼兒教師有必要先增進自己對幼兒科學先期概念的了解。以下從生命科學、物理及地球與太空科學三

大領域，探討發展心理學界與科學教育界對幼兒先期概念的研究，作為幼兒教師構思教學引導之參考。

第一節　生命科學先期概念

不久之前，對動物和植物的研究是以「生物」（Biology）一詞稱之，現今學術界普遍改採「生命科學」（Life science）一詞，然本節所引過去的研究大都使用生物一詞，故本書交替使用此二名詞。

對兒童生物概念的研究肇始於 Piaget（1929, 1930），他發現學齡前幼兒認為無生命的物體也具有生物特徵，例如：獨立移動和因果意圖。1980 年代以來，發展心理學者重啟對幼兒生物概念的研究，有些研究使用和 Piaget 相同的方法並且提問相同的問題，所得研究結果也相同，例如：Carey（1985）也發現幼兒認為非生物（如滾下山坡的汽車、火、風和石頭）是有生命的。

另有些研究，提問的問題和 Piaget 稍有不同，研究結果也略不同，例如：Shields 與 Duveen 訪談學齡前幼兒，問題內容是關於農夫、牛、牽引機、樹，哪一個能吃、睡、自行移動、說話、生氣等。幼兒的回答將牽引機、樹兩者和農夫、牛清楚區分，幼兒認為牽引機和樹不能做上述事情，農夫和牛則能（牛是否會說話及有情緒未有定論，但幼兒認為牛會對牛說話，也會對飼主說話，但牽引機和樹則不能）（引自 Meadows, 1994）。之後的研究，大致都顯示 3 歲幼兒能將生物和非生物加以區別。如果研究者提問的生物和非生物是幼兒所熟悉的，且提問的方式非常直接，甚至 2 歲幼兒也能加以區分（引自 Meadows, 1994）。

自 1980 年代以來，有關幼兒生物概念的研究大致從下列幾方面進

行，包括：生物本質、移動性、成長以及生物機制。以下分別探討這四方面的研究發現。

一、生物本質

從「生物本質」所做的研究，大都從生物具備而人造物所無的特質進行探究，結果發現 3 歲幼兒知道動物體內有某些共同結構，而玩具動物則無，由此推論，幼兒已能超越視覺線索，推測生物的本質（Gelman, 1990）。4 和 5 歲幼兒在回答關於動物內在有什麼的問題時，最常提到的是血、骨頭、心臟，但是這些回答不會出現在有關非動物的內在有什麼的問題（引自 Gelman, 1990）。

二、移動性

有關「移動性」的研究，發現幼兒能區辨動物與非生物，3 歲幼兒知道動物才會自行移動，因為動物有腳，即使實驗者提供的圖片上沒有出現動物的腳；而人造物（例如：動物塑像、腳踏車、相機）則否，即使圖片中的動物塑像和真實動物很像（Massey & Gelman, 1988）。此外，4 歲幼兒認為人造物移動的足跡是可預期且有規律的（例如：機械的移動），而動物則否（引自 Goswami, 1998）。

三、成長

關於「成長」，3 歲幼兒知道植物與動物才會生長，會隨著時間而長大，而人造物則不能（例如：杯子、陀螺）（Rosengren, Gelman, Kalish, & McCormick, 1991）。然而，動物與植物之生存與生長所需不同，5 歲幼兒認為植物需要水，動物需要食物（Inagaki & Hatano, 2002）。3 歲幼兒知道人造物不能再生長（regrowth），4 歲幼兒知道

動物與植物可經由再生長而康復，而人造物損壞是經由他人修補才能復原（Backscheider, Shatz, & Gelman, 1993）。

✿ 四、生物機制

關於「生物機制」，4和5歲幼兒知道動物與植物的顏色和行為（例如：兔跳、花開）是遺傳決定，而人造物的顏色與行為（例如：吉他發聲）是人為製造（Springer & Keil, 1991）。當被問及某些特質是哪些動物所共有時，4歲半幼兒傾向於將生物特質（例如：體內有小骨頭）歸屬於外表不相似但有關聯的兩類動物，而將非生物特質（例如：全身都是髒泥巴）歸屬於外表相似但無關聯的兩類動物（引自 Keil, 1994）。關於「繁殖」，5歲幼兒知道植物類似動物也會繁殖，其中過半數還知道植物是經由種子埋在土裡發芽得以繁殖（Inagaki & Hatano, 2002）。對於動物，學齡前幼兒常問其飲食行為及繁殖問題，而對於人造物，則常問它們有何「功能」（Greif, Kemler Nelson, Keil, & Gutierrez, 2006）。

顯然幼兒透過生活經驗已經建構對生命現象某種程度的了解，但其中有些可能是錯誤的，例如：5歲幼兒不知道動物與植物在本質上的差異（例如：植物經由光合作用製造自己的食物），水之於植物與食物之於動物有所不同，還有幼兒誤以為植物生病或死亡是因為水分太多之故（Inagaki & Hatano, 2002）。

幼兒教師在教學之前若能先了解幼兒的先期概念，並以幼兒所知為基礎，構思如何引導，再提供豐富且合宜的學習環境及教學鷹架，將能激發幼兒對生命科學探究的興趣，增進幼兒對自然現象的了解。

第二節　物理先期概念

　　Piaget是最早研究嬰幼兒物理概念的學者，Piaget認為當兒童無法以其慣有的行為解決問題或對事件的特性加以反應時，其物理知識就會顯現（引自 Spelke, 1991）。大致從 1980 年代開始，發展心理學者紛紛對嬰幼兒的物理概念進行研究，研究的主題可以分為三大類，包括：物體與物質的特性、物體的位置與運動，以及光和影子。研究的發現如下。

一、物體與物質的特性

　　關於幼兒的「物體與物質的特性」先期概念的研究，大致包括：幼兒對物體與物質的區分、物質的組成、物質存在的狀態、密度與物體浮沉的了解，以及幼兒的重量概念和重量保留概念。

（一）物體與物質的區分

　　物體（object）與物質（matter）同樣具有質量（mass），且占有空間（space）。環顧周遭，所有的物體都是由物質所組成，當物質轉換成能量時，就不是物質，也不再占有空間，例如：光、熱和聲音都不是物質（Hewitt, 1999）。物體與物質的區分在於，前者以廣度（extensiveness），例如：大小、形狀為特徵，而後者以其密集度（intensiveness），例如：顏色、密度、狀態為特徵（Krnel, Watson, & Glažar, 2005）。

　　兒童能否區分物體和物質？有研究者（Krnel et al., 2005）對3～11歲兒童出示物體和物質，並透過下列問題：「告訴我一些關於它的

事。」「對於這個，你知道些什麼？」「這是什麼？」以及「請你形容它。」來探究兒童物質概念之發展。結果發現：3～7歲兒童最常從可以加諸物體和物質的行動（例如：擲、滾、玩）去形容它們，而5～7歲兒童則常從功能（可以用來做什麼）加以形容。此外，學齡前幼兒的物體與物質概念呈現未分化狀態，亦即，他們幾乎未能區分物體與物質。不過，即使到了14歲，有些兒童的物體與物質概念也未能明顯分化。

（二）物質的組成

大多數的物質都是以原子為基本單位，由其組合堆砌而成。從5歲開始，幼兒逐漸了解物質可以分解成肉眼無法觀察到的細微顆粒，知道被汙染的溶液或溶解在溶液中的物質，已分解成細微顆粒，雖然看不見但仍然存在於溶液中（Au, Sidle, & Rollins, 1993; Rosen & Rozin, 1993）。Au等人（1993）認為，幼兒所具有的「細微的同質性顆粒」概念近似原子及分子概念，幼兒這樣的了解有利於未來對高階科學概念的認知。

（三）物質存在的狀態

大自然的物質在不同環境下，分別以四種狀態之一存在，我們熟知的是固態、液態與氣態三種狀態，另外還有一種只存在於高溫之中的狀態稱為「電漿」（Hewitt, 1999）。有些物質因氣溫的差異同時以三種狀態存在於自然界，水是最顯著的例子。水從液態變成固態或氣態再回到液態的循環是重要的自然現象，也是生活中經常可觀察到的現象。即使如此，要了解水循環並不容易，幼兒的理解為何？Piaget探究兒童雲雨概念的發展，將兒童對此概念的了解分為數個階段，處

於第一階段的兒童認為雲是上帝所創造，第二階段的兒童認為雲是由煙所組成，第三階段的兒童認為雲是由水組成（引自 Bar, 1989）。處於前兩個階段的兒童都不知道雲是水所組成。

後來的研究發現，當被問及「灑落在地板上（和地上）的水，怎麼了？」「可以在哪裡找到？」等問題時，5～6 歲幼兒的解釋大都是「水消失不見了」，即使其中極少數幼兒的回答是蒸發的緣故，但是再進一步追問他們所謂「蒸發」的意思，他們解釋就是「消失了」，這些幼兒很可能並不是真正了解「蒸發」的意思（Bar, 1989; Bar & Galili, 1994）。在幼兒園的科學教學，有時也聽到幼兒說出正確的科學語詞回答老師的問題，但老師若進一步追問或持續觀察幼兒在學習中的行為，常會發現幼兒並非真正了解該科學概念，而只是複誦成人的教導或書本的文句（陳淑敏，2014；陳淑敏等人，2007）。

（四）重量概念

重量是重要的物理概念之一，兒童最初的重量概念是感覺重量，此由觸覺經驗形成，例如：從抓、握、攜帶、舉高物體所感受的壓力來判斷（此為主觀重量）；又如，幼兒認為一小粒保麗龍球、一小塊棉花或空氣是沒有重量的，這些都是感覺重量。之後，兒童逐漸從物體所包含的量（how much it contains），亦即，物體的本質特性來判斷重量（此為客觀重量）（Bar, Zinn, Goldmunts, & Sneider, 1994; Galili & Bar, 1997）。3 和 4 歲幼兒的重量概念以感覺重量為主，5～7 歲幼兒的重量概念仍以感覺重量為核心，但逐漸轉變（Smith, Carey, & Wiser, 1985）。純粹以觸覺經驗判斷重量者大都未具重量保留概念，在 7～9 歲之間，大部分兒童能從物體的本質特性（亦即，質量），來判斷重量，而其重量保留概念也在此時發展（Bar et al., 1994）。

Piaget 與其學生 Inhelder（1974）指出，兒童最初的重量概念是整體而未分化的量，而後才能區分重量和大小，亦即，兒童的重量概念常與大小概念混淆。後來的研究發現，兒童合併「重」（heavy）與「大的重」（heavy for size）為「重量」（weight）概念，3～4 歲幼兒常以大小來推測重量，常以為很小的物體沒有重量，當物體被切得很小時，幼兒認為它沒有重量（Smith et al., 1985）。至於對大塊物體重量的判斷，則又常與密度混淆（Piaget & Inhelder, 1974），例如：大部分 4～6 歲幼兒覺得保麗龍很輕，所以保麗龍球沒有重量（此即感覺重量），而 5 歲及較為年長的幼兒大都知道鋼塊和鋁塊較重。前述能從物體的本質特性來判斷重量，就是能考慮組成物體的材質，材質不同密度就不同，而同體積但不同材質的物體因密度不同重量也不同。3 歲幼兒還不知道材質不同密度不同，從 4 歲開始，幼兒逐漸了解材質不同，密度可能因而不同，亦即，逐漸能從材質判斷大塊物體的重量。不過，4～7 歲幼兒仍常以感覺重量與外表特徵（例如：大小）判斷物質的密度（Smith et al., 1985）。換言之，學齡前幼兒對物質的基本組成大致仍缺乏了解。

（五）重量保留概念

對兒童重量概念的研究，肇始於 Piaget 對兒童「重量保留」概念的研究（Piaget & Inhelder, 1974）。兒童的「重量保留」概念可能影響其對物理與化學作用的了解，而其對物理與化學概念的了解也可能影響其「重量保留」概念，兩者可能是相輔相成的（Bar et al., 1994; Galili & Bar, 1997）。所謂「重量保留」係指兒童了解物體的重量不因形狀或拿捏方式不同而改變，大部分 5 歲幼兒不具重量保留概念，而具有此概念的 6 歲幼兒也不到半數，在 7～9 歲之間大部分兒童則已具

備此概念（Bar et al., 1994）。「重量保留」概念的發展並非一蹴可幾，而是逐漸發展，同樣是固體物質，兒童通常先了解大塊黏土切成小塊後，所有的小塊合起來的重量和原來的大塊相同；而後了解黏土球捏成長條型，其重量並未改變；最後才了解黏土球捏成圓扁型，其重量沒有改變（Galili & Bar, 1997）。

除了物體的形狀，兒童的重量保留概念，也受到物體狀態的影響（Galili & Bar, 1997）。Piaget（1974）對兒童物質狀態變化了解的研究發現，當物質狀態發生改變，7 歲以下的兒童認為它已變成另一種物質，7～10 歲兒童認為雖然仍是同一物質，但其重量已經改變，換言之，這個階段的兒童沒有重量保留概念。後來的研究發現，大部分未具重量保留概念的兒童認為，當物體從固態變成液態時重量變少，而變成氣態時則不具重量。5～7 歲兒童認為，即使同樣是水，從水龍頭流出的水沒有重量，但是在容器中的水有重量；而當水變成水蒸氣，就不再有重量，所以雲能停留在天空是因為水蒸氣是由無重量的物質組成，或是因為有空氣支撐（Bar et al., 1994）。到了 7 歲之後，兒童才知道流水也有重量，而在此同時，兒童才開始了解冰變水再變成水蒸氣，其重量並沒有改變；到了 10 歲，大約三分之一的兒童認為空氣有重量，其餘兒童則要到 12 歲才知道空氣有重量（Galili & Bar, 1997）。

（六）密度與物體的浮沉

物體的浮沉通常是以密度來解釋，然而學前幼兒無法做此解釋（Havu-Nuutinen, 2005; Kallery et al., 2009）。幼兒如何解釋浮沉現象？Piaget（1930）發現，5 歲以下幼兒的解釋是道德與擬人化的，5～6 歲則以重量來解釋，認為重的物體會上浮；6～8 歲之間，還是以

重量來解釋，但認為輕的物體會上浮，到了 9 歲左右才了解物體的浮沉要考慮物體與水的相對重量。

　　之後，Smith 等人（1985）進一步探究兒童的大小、重量與密度概念是如何與何時開始分化與發展。該研究發現：在 3～9 歲之間，兒童的重量核心概念首先是以感覺為基礎，而後逐漸發展出大小、重量及材質概念，且開始歸納此三者之關係。在 5～7 歲之間，兒童的重量概念涵蓋大小與材質，例如：大的較重，鐵做的較重，換言之，此時兒童尚未能區別重量與密度。在 8～9 歲，兒童才能區別重量與密度，而材質被視為構成物品的要素，重量則為物質的屬性。

　　從前面引述的幾個研究可知，幼兒在判斷物體的浮沉時，常從重量來考量，而其重量概念又常受到物體的大小與外觀的影響，所以這些因素也常是幼兒判斷浮沉的依據。4～6 歲幼兒使用重量來解釋物體浮沉的比例最高，其中大都認為重的物體會下沉，而少數認為輕的會下沉，另有少數認為材質是影響浮沉的原因，更少的幼兒認為物體是否是空心是影響浮沉的最主要原因（張莉莉等人，2012；陳淑敏，2014；Dentici, Grossi, Borghi, Ambrosis, & Massara, 1984; Havu-Nuutinen, 2005; Hsin & Wu, 2011）。能夠從物體是否是空心來推測其浮或沉的幼兒，其推理已相當接近科學的解釋：能在流體表面漂浮的物體，與其所排開的流體同重，而物體空心的部分比例愈高，能排開的流體愈多，上浮的可能性愈高（Hewitt, 1999）。

✿ 二、物體的位置與運動

　　環境中存在眾多的物體，而各個物體有其特定的位置。嬰幼兒對物體位置的知覺為何？研究發現，嬰兒已能使用各種線索，包括：輪

廓、大小、顏色、形狀、紋理、表面明亮度，以及深度的變化等，去區辨環境中的眾多物體並確定其位置（Kellman & Arterberry, 1998）。將近 3 個月大時，嬰兒已經知道：每個物體占有一個空間，但兩個不同的物體不可能同時占據同一個空間；嬰兒也知道即使物體被遮蔽，該物體仍然存在，其形狀和大小並沒有改變；若該物體是靜止的，其位置不會自然改變（Spelke, 1991）。

物體產生位移，即是「運動」（motion）。運動是複雜的物理學概念，兩千多年前當古希臘人對光已有些了解時，對物體運動的現象仍十分困惑。Aristotle 是最早認真研究力學的哲學家兼科學家，但是要到 16 世紀 Copernicus 提出地動說時，地球在物體運動中所扮演的角色才受到注意，地動說因 Galilei 在比薩斜塔所做的實驗才被接受（Hewitt, 1999）。

物體的移動深深吸引嬰兒的注意（Fantz & Nevis, 1967）。嬰幼兒對物體運動的認知為何？4 個月大的嬰兒已能使用前述知覺物體所使用的諸多訊息，包括輪廓、大小等去推測，移動中的物體，即使部分被遮蔽，仍為一完整的實體（Kellman & Spelke, 1983），他們似乎已建構了「部分跟隨整體移動」的規則（the part moves with whole），由此來推測物體的位移（Bliss, 2008）；他們也知道當無任何障礙時，物體移動的路線是連續而非間斷的，不論其為垂直或水平的移動（Spelke, 1991）。不過，到了 8 或 9 個月大時，嬰兒還不知道直線運動的物體會繼續直線進行（慣性定律），也不知道物體的運動受到地心引力的影響（Spelke, 1991）。

對於物體移動的方式，在 0～12 個月之間，嬰兒逐漸發展出六種基本的運動典型概念，包括：放、落下、提、自我移動、推／拉、固定／移動；之後又從這六種典型衍生其他典型概念，包括：走／跑、

無生物的走／跑、舉、滾／滑、投、打／踢、跳、飛和浮，這些概念在 2 歲之前都已發展（Bliss, 2008）。

對於運動的成因，Piaget 發現年幼兒童常將「運動」與「力」連結，且將「力」視為物體的本質，又認為無生命的物體之所以移動（或稱，運動），是因為內在力量的啟動，當此力量逐漸消失，物體運動的速度就減慢，最後當力量耗盡時運動隨即停止（Piaget, 1974）。後來的研究發現，大約 3 歲時，幼兒已能區辨生物與非生物的運動，生物能自行移動，而非生物則不能，生物的移動有其內在動因，而非生物的運動則是由外在動因所引發（Gelman, 1990）。另有研究發現，大部分 4～6 歲幼兒認為「力」是重與大的物體所具有的內在本質，會對該物體產生作用（Ioannides & Vosniadou, 2002）；另有些幼兒具有多元而獨立運作的心智模組，既認為靜止的重物有內力，又認為運動中的重物不但有內力而且有外力的推拉，力會從生物傳遞到非生物，當傳遞到非生物的力量消失時，該物體即停止運動；少數幼兒認為物體的運動純粹是外力推拉的結果（Vosniadou & Ioannides, 1998）。

在地球表面，地心引力（又稱重力）無所不在，物體若失去他物支撐必然向下墜落，產生垂直運動。有關物體的垂直運動，研究發現 6 個月大嬰兒尚未建立「任何物體需要支撐」的概念，不知道靜止的物體失去支撐時會掉落，但他們知道下落的物體會持續掉落，除非遇到支撐面（Spelke, 1991）。透過生活經驗，不同年齡的兒童逐漸建構其常識理論（common-sense theory）（Bliss & Ogborn, 1993）。4～5 歲幼兒對物體下落的解釋，顯現萬物有靈論或目的論的思考，認為物體會落下是因為「它們必須如此」，例如：太陽和月亮不會落下是因為要照亮我們，雲會落下是因為要提供我們雨水；大部分 5～7 歲幼兒

則認為，物體會落下是因為缺乏支撐物，另有些認為是物體很重的緣故（Bar et al., 1994）。5～16 歲兒童幾乎未將重量與重力連結，認為物體下落是因為該物體很重而未考慮到重力因素（Galili & Bar, 1997）。另以 6～10 歲兒童針對力與運動概念所做的研究發現，兒童認為物體下落的主要原因是缺乏支撐（占 43%的解釋）（Bliss, 2008）。對於下落的物體哪個先著地，有些 4～5 歲幼兒認為輕與重的物體會同時著地，而半數 5～7 歲幼兒認為輕的物體會先著地，大部分 7 歲兒童認為重的物體會先著地（Bar et al., 1994）。

從兒童對物體下落路線（例如：球擲出後的移動路線、球滾出行進中的車子之移動路線，或從 540° 迴轉的螺旋型彎管吹出後的移動路線）的預測，探究其對重力的了解之研究，發現 4 歲以下的幼兒，認為物體都是以直線下落，要到 5 歲之後，兒童才逐漸開始能考量兩種力（包括看不見的重力）之交互作用對物體移動路線的影響（Göksun, George, Hirsh-Pasek, & Golinkoff, 2013; Hood, 1995; Kaiser, McCloskey, & Proffitt, 1986）。

三、光和影子

光使我們得以看見周遭的事物，古希臘哲學家認為光是由細微的粒子所組成。到了牛頓的時代，光才被認為是一種波。現在的科學家大都接受光既是粒子也是波的觀點（Hewitt, 1999）。光從特定來源，亦即，光源（例如：太陽、電燈）在空間傳播時，在傳播途中與物體互動會製造可察覺的效果（例如：增溫）。光具有下列特質：(1)在同質性的空間，光以直線傳播；(2)光傳播的速度是有限的，例如：從一地傳播到另一地需要一些時間；(3)當光穿過介質，會部分或完全消失，只要沒有被介質吸收，它就保留（conserve）（Guesne, 2000）。

　　Piaget（1974）發現，年幼兒童不知道光源和它投射在遠處銀幕上的光點之關係，也不知道眼睛和所見物體有怎樣的連結。稍長，兒童認為從眼睛直通到物體就會產生視覺。由於光概念較難了解，且無適用於幼兒的施測工具，目前似乎尚未有針對學齡前幼兒的研究。

　　光若被物體阻擋，無法穿透會產生影子，年幼兒童對影子的認知為何？最早，Piaget（1930）以燈、物體與布幕設計簡單的晤談情境，要求5～9歲兒童預測影子的方向並解釋理由，他發現兒童影概念的發展歷經四個階段。第一階段，大約在 5 歲左右，兒童認為影子的產生是內在（從物體放射出來）與外在（來自於樹、夜晚與角落等）因素的共同作用，所以無法預測影子投射的方向。第二階段，大約在6～7歲，兒童認為影子純粹是由物質所製造，是由物體發射出來，但是沒有特定的方向，所以無法從光源所在位置預測影子的方向。到了第三階段，大約在 8 歲左右，兒童雖然能夠預測影子的方向，但卻說沒有光和太陽時也會有影子，由此可知他們還是認為影子是由物體發射出來。要到第四階段，大約在 9 歲左右，兒童才能正確解釋影子發生的原因。

　　後來的研究發現，4～7 歲幼兒，有三分之一認為影子是由某些材料做成，就像桌子是木材做成，而太陽就是做成影子的材料（Smith et al., 1985）。晚近的研究，以 4 和 5 歲幼兒為對象，使用圖卡指認並做口頭解釋及實物操作等多種測驗，評量幼兒的影概念，結果發現 19% 的 4 歲幼兒與半數的 5 歲幼兒能正確指認圖卡並做出較高層次的解釋，還能利用研究者提供的物體（包括：手電筒、蠟燭、燈泡、打火機、硬紙板、玻璃紙、透明物體、不透明物體等），在黑箱中成功地製造影子（幼兒並未被告知哪些物體會發光，可作為光源）。此外，四分之一的 5 歲幼兒也了解光源來向和影子投射方向之關係。這些幼兒對

光和影子的關係似乎已有某種程度的了解（陳淑敏、張靜儀，2007；
Chen, 2009）。

第三節　地球與太空科學先期概念

　　根據科學史的記載，早期人類認為地球位於宇宙的中心，且是平
的。之後，逐漸改變成地球是球體的觀點，在 Ptolemy 的著作中詳細
闡述此觀點。根據 Ptolemy 的說法，地球是一個球體，它一動也不動
的站在宇宙的中心。其後，Copernicus 仍然認為地球是一球體，但駁
斥地球是靜止的，並提出太陽是宇宙中心的觀點（引自 Vosniadou &
Brewer, 1992）。從人造衛星所拍攝的地球照片，現代人都已確知地球
是一球體。

　　年幼兒童對地球與太空的認知為何？在生命早期，個體最初建構
的地球形狀可能和早期人類近似，都是扁平的形狀，或是長方形，或
是圓盤形，未受到成人觀點影響的學齡前幼兒和小學中、低年級兒
童，都抱持這樣的觀點。受到成人觀點影響之後，兒童嘗試將地球是
一球體與先前的扁平形狀綜合，產生了平面加上球體讓人可以站在地
球上而不致於掉落的各種不同的形狀（Vosniadou & Brewer, 1992）。

　　關於地球是否為宇宙的中心，以 4～13 歲兒童所做的研究發現，
大部分的兒童，即使到了 13 歲，仍抱持地球是宇宙中心的觀點；此
外，5～7 歲幼兒還認為星球不會掉落是因為被黏在天空或超過地心引
力的範圍（Bar et al., 1994）。

　　透過閱讀上述所引研究，幼兒教師可以了解幼兒的科學先期概
念。除此之外，在計畫科學課程時還可以使用下列方法了解學生的先
期概念與先備知識：(1)提供可使學生先期概念外顯的活動；(2)引入事

件；(3)使用詰問法使學生覺察其觀點的矛盾；(4)鼓勵學生做出所有可能的解釋；(5)鼓勵學生做學習遷移（Driver, Guesne, & Tiberghirn, 1985）。

　　前述發展心理學與科學教育的研究顯示，學齡前幼兒已經建構物理世界的初始概念，它與科學家所建立的科學概念有很大不同。學齡階段兒童科學概念的建構，又是以初始概念為基礎，而後不斷合併更多訊息逐漸形成（Vosniadou & Ioannides, 1998）。換言之，知識的獲得是一個漸進的歷程，在此歷程中透過觀察與學習，使既有的知識結構不斷地被取代、重構且更加豐富（Vosniadou & Ioannides, 1998）。在幼兒階段實施科學探究教學，可以提供幼兒進行問題探究、蒐集與整合訊息，從而做出合理推論解釋的機會。如此，將有益於幼兒的初始概念不斷地修正與重構，避免錯誤的初始概念過早僵化而難以改變。

第五章

科學探究內容與歷程技巧

第一節 科學探究內容——領域特定知識

　　教學應包括內容與過程兩個主要成分,然而幼教課程經常出現輕內容而重過程或重過程而輕內容的弊病(Bredekamp & Rosegrant, 1992)。傳統的科學教學重視課程內容的教導而忽略科學探究技能的培養,而課程內容的教導大都是以教師講述來進行知識的灌輸,致使學生對科學概念未能有真正的了解。1960 年代,科學教育改革的呼聲四起,科學教育界極力主張實施探究教學,然而由於教師對探究教學缺乏了解,各階段的科學教學最後流於只重視零碎的探究技巧之培養,而忽略了引導學生了解科學概念的弊病(Huffman, 2002)。

　　同樣地,在強調「適性」(developmentally appropriate)教學的幼兒園或小學,科學課程通常只注重培養學生的觀察、記憶及照著固定程序操作實驗等零碎技巧,而忽略了讓學生去測試他們對周遭事物是如何運作的看法(Metz, 2004),因而導致探究教學的式微。從 1990 年代開始,因科學本質觀與教學觀的改變,科學教育界再度呼籲實施

探究教學，主張科學教學應兼顧內容與過程，除了培養學生的科學探究能力，還應引導學生透過科學探究對周遭自然界有所了解。

從領域特定（domain-specificity）或稱核心知識（core knowledge）理論的觀點而言，學齡前幼兒已有建構抽象概念的能力，而近年來的研究也都支持這個觀點。科學概念是抽象的，但是對於其中的某些概念，幼兒已能建構某種程度的認知，這些在第四章引述的文獻已有探討。教師應對幼兒的科學先期概念有所了解，以此為基礎，才能引導幼兒重構其對科學概念的認知。

此外，領域特定論者又指出，知識結構因其所屬的內容領域而有不同，至於哪些知識應歸屬於哪個內容領域，則因學者對領域範疇大小的觀點不同，而有不同的劃分（Hirschfeld & Gelman, 1994）。以下引述美國「國家科學教育標準」中「內容標準」一章之分法，將科學教學內容分為生命科學、物理及地球與太空科學三大領域（NRC, 1996）。了解教材內容是實施有效教學的必要條件之一（Shulman, 1987），然而幼兒教師在科學教學所面臨的最大困難主要來自於對教材內容缺乏了解，其中物理領域又比生命科學領域遭遇更多困難（Kallery, 2004）。因此，在設計科學探究教學活動之前，教師有必要對教學活動所涉及的科學概念加以了解，以便提供幼兒適當的引導。

第二節　科學探究內容的選擇原則

過去幼兒園的課程就像喜宴的什錦拼盤，多樣而不深入。後來，有些幼兒園開始嘗試實施方案課程，該課程強調針對幼兒感興趣的主題深入探究，此與科學探究教學的精神十分契合。以實施方案課程聞名的義大利 Reggio Emilia 市立幼兒園，不但提供了利於幼兒進行科學

探究的環境，也因鼓勵幼兒針對感興趣的主題進行深入的探究，因而發展出多個成功的科學探究方案，吸引了世界各地的發展心理學者、幼教學者與專家及幼兒教師前往參觀（陳淑敏，1998）。

臺灣在提倡方案教學時，似乎只注意到 Reggio Emilia 市立幼兒園幼兒的藝術表現或視覺表徵的運用，卻忽略了該園所營造的學習環境如何鷹架幼兒對自然知識的建構。Reggio Emilia 市立幼兒園能發展出成功的科學探究方案，教育總協調者和教育協調者對教師教學資源的提供和合作討論是主因（陳淑敏，1998）。相較之下，臺灣幼兒園的科學教學因教師科學教學的相關知識不足，又缺乏來自專家學者的支援與合作，常如蜻蜓點水，既稀少更不深入。

Vosniadou 與 Ioannides（1998）指出，科學知識的學習宜選擇少數較為重要的概念做深入探究，內容宜深入而不宜廣博。這個觀點和方案教學的主張可謂雷同。不過要引導幼兒進行科學探究，教師對科學概念應先有所了解。此外，研究已顯示，同一教材範疇內，有相似概念結構的各個相關概念之獲得有著先後順序，例如：要先了解地心引力，才能接受地球是一球體的觀點（Vosniadou & Ioannides, 1998）；要先了解蒸發、冷凝與自由落體，才能了解水循環（Bar, 1989）。所以，教師要引導幼兒進行科學探究，應考慮相關概念的先後順序。

基於上述，科學知識的學習宜考慮概念呈現的先後順序，且內容宜深入不宜廣博，最好選擇少數較為重要的概念做深入探究，在關鍵性概念改變之後，其他相關概念的學習就比較容易（Vosniadou & Ioannides, 1998）。至於哪些概念是比較具有關鍵性且適合幼兒探究與學習者，筆者認為可以參考本書第四章發展心理學與科學教育界對幼兒科學先期概念的研究，透過該章的閱讀，教師可以先了解幼兒的先

期概念，再進一步閱讀相關的科學書籍，或透過Google找尋及了解正確的科學概念，並比較此與幼兒先期概念的不同。除此之外，還可參考以下美國「國家科學教育標準」對幼兒園大班至小學四年級學生（K～4年級）在生命科學、物理及地球與太空科學學習內容等領域所提供的建議。

第三節　適合K～4年級兒童的科學探究內容

本節敘述美國「國家科學教育標準」之「內容標準」一章（NRC, 1996），所列適合 K～4 年級的教學內容。由於此內容實施的對象涵蓋較大的年齡範圍，其中有些概念並非幼兒所能了解，所以幼兒教師應多方篩選，找出適合幼兒學習的概念去設計活動。

一、生命科學

在生命科學領域，適合K～4年級兒童學習的內容及了解的概念，可分為三大類，包括：生物的特性、生物的生命週期，以及生物與環境之關係（NRC, 1996）。以下分別敘述之。

（一）生物的特性

關於生物的特性，適合 K～4 年級兒童學習的內容，包括：

1. 生物有基本的需要，例如：動物需要空氣、水與食物，植物需要空氣、水、養料與陽光。在能獲得基本需要的環境，生物才能生存。世界上有各種不同的環境，滿足不同生物的需要。

2. 不同的植物與動物各有不同的身體結構，以維持其生長、生存與繁殖，例如：人類獨特的身體結構，使其可以行走、抓和握、觀看、說話。

3. 生物的行為受內在（例如：飢餓）與外在（例如：環境改變）信號的影響。人與其他生物使用感官覺察內在與外在的信號。

（二）生物的生命週期

關於生物的生命週期，適合 K～4 年級兒童學習的內容，包括：

1. 植物與動物都有生命週期，包括出生、成年、繁殖與死亡。不同的生物經歷不同的生命週期。

2. 植物與動物都與其親本相似。

3. 生物的許多特性遺傳自親本，但有些特性則是與環境互動的結果。花朵的顏色與動物的肢體是來自遺傳的特性，會不會游泳則是與環境互動產生的能力。後天產生的能力不會代代相傳。

（三）生物與環境之關係

關於生物與環境之關係，適合 K～4 年級兒童學習的內容，包括：

1. 動物依賴植物而生存。有些動物以植物維生，有些則以植物及其他動物維生。

2. 生物的行為型態與生存環境有關，環境因素包括：環境中其他生物的種類與數量、食物與資源的可得性及物理環境本身。當環境改變，有些動、植物存活下來並繼續繁衍，有些則死亡或他遷。

3. 生物對所居住的環境也會造成改變，有些改變對其他生物有害，有些則有益。

4. 人類倚賴天然與人為建造的環境維生，人類對環境的改變可能
   有益，也可能有害於自己與其他生物。

🍀 二、物理

　　生活當中常見的物體與物質都適合幼兒去探究，適合 K～4 年級
兒童學習的物理內容，包括：物體與物質的特性、物體的位置與運
動，以及光、熱、電和磁性（NRC, 1996）。

（一）物體與物質的特性

　　關於物體與物質的特性，適合K～4年級兒童學習的內容，包括：
1. 物體的特性，包括：大小、重量、形狀、顏色、溫度以及能否
   與其他物質發生反應。
2. 組成物體的物質。
3. 物質以不同的狀態存在，例如：固態、液態、氣態。

（二）物體的位置與運動

　　關於物體的位置與運動，適合K～4年級兒童學習的內容，包括：
1. 物體的絕對與相對位置。
2. 物體的運動。
3. 推拉物體以使物體改變位置，從而了解運動的大小與作用力大
   小的關係。
4. 聲音的產生，及聲音高低如何改變。

（三）光、熱、電和磁性

　　關於光、熱、電和磁性，適合K～4年級兒童學習的內容，包括：

1. 光是直線行進，直到照到物體為止。光會被鏡子反射，被透鏡折射，被物體吸收。

2. 透過燃燒、摩擦或將物質混合都會產生熱。熱可從一個物體傳導到另一個物體。

3. 電路中的電可產生光、熱、聲音與磁性。電路需要完整的迴路以使電流通過。

4. 磁鐵彼此之間及與某些物質會相吸與相斥。

三、地球與太空科學

在地球與太空科學領域，適合 K～4 兒童學習及了解的內容，包括：地球物質的特性、天空的物體，以及地球與天空的改變（NRC, 1996）。

（一）地球物質的特性

關於地球物質的特性，適合 K～4 年級兒童學習的內容，包括：

1. 地球的物質，包括：固態的岩石與土壤、水與大氣中的氣體。不同的物質具有不同的物理與化學特性和不同的用途，例如：可用做建材、燃料及種植植物。地球物質提供人類生活所需的許多資源。

2. 土壤的特性，包括：顏色、紋理、含水性及能否提供植物生長。

3. 化石提供很久以前動、植物存在和生存環境的證據。

（二）天空的物體

關於天空的物體，適合 K～4 年級兒童學習的內容，包括：

1. 太陽、月亮、星星、雲、鳥與飛機的特性、位置及運動。

2. 太陽提供光與熱以維持地球的溫度。

（三）地球與天空的改變

關於地球與天空的改變，適合 K～4 年級兒童學習的內容，包括：

1. 地球表面在改變，改變是透過下列兩種歷程：(1)緩慢歷程，例如：侵蝕與風化；(2)快速歷程，例如：山崩、火山爆發及地震等。

2. 天氣，每天、每個季節都在改變。天氣的變化可以從氣溫、風向、風速與蒸發量的測量得知。

3. 天空中物體的運動有其型態，例如：太陽似乎每天都以相同方式經過天空，但其路徑隨著季節而有些微改變。月亮也是每天經過天空，但其形狀每天改變，以一個月為一循環。

上述是適合 K～4 年級兒童探究的科學內容，要在幼兒園進行探究，幼兒教師應先觀察幼兒的興趣所向，選擇幼兒生活當中較容易觀察，且教學資源較易取得的教學活動進行，較能維持幼兒探究的專注力與持續性，因而能做較深入的探究與學習。此外，還可以從下列幾個原則，選擇適合的概念與內容進行探究：(1)選擇專家學者曾經研究過的幼兒科學先期概念之相關科學概念（請參見第四章）；(2)選擇原始人類能操弄，而非文明產物的物體，例如：今日所使用的電乃是文明的產物，所以電的相關概念與知識並不適合作為幼兒科學探究的內容；(3)選擇幼兒能運用感官知覺其變化，且能進一步思考其改變的原因之自然事物（Kamii & DeVries, 1999）。

第四節　科學探究歷程相關概念與技能

　　實施科學探究教學是要引導幼兒像科學家般地去進行科學探究，所以科學探究即是幼兒學習科學的一種方式。在引導幼兒探究自然現象之初，若能同時引導幼兒學習與了解科學探究的歷程及相關概念與技能，將有利於幼兒進行自主性的學習，而不需教師亦步亦趨的協助與指導。俗云：「與其給孩子魚，不如教孩子如何捕魚。」

　　本書第三章針對幼兒基本探究能力相關研究所做的探討，已顯示：在4～6歲之間，幼兒逐漸能了解假設與證據之間的關係，以及能從證據去推論實體。換言之，基本的探究能力在學前階段開始逐漸發展。因此，提供適當的引導應有鷹架幼兒學習探究過程相關概念之功能。以5歲班（Kindergarten）和4歲班（Pre-K）所進行的科學探究教學研究，都在教學之初適當導入探究過程相關概念的教學，而這樣的教導使幼兒更清楚要如何進行科學探究，也更加了解所要探究的概念（French, 2004; Gelman & Brenneman, 2004; Hong & Diamond, 2012; Samarapungavan et al., 2008）。

　　幼兒階段需要學習的探究歷程相關概念與技能有哪些？美國「國家科學教育標準」的「內容標準」一章（NRC, 1996），指出關於科學探究，K～4年級兒童應具備的能力與概念主要有二，一是進行科學探究的能力，二是了解科學探究的相關概念。以下引述「國家科學教育標準」中關於此兩者之細目。

一、進行科學探究的能力

1.能針對環境中的物體、有機體和事件進行提問。

2. 能計畫與執行簡單的探究。

3. 能使用簡單的設備和工具蒐集資料，以擴大感官的功能。

4. 能使用資料建構合理的解釋。

5. 能發表所做的探究。

✿ 二、了解科學探究的相關概念

1. 科學探究包括提出問題和找出問題的答案，並將自己的答案與科學家的加以比較。

2. 科學家根據所要探究的問題，使用不同的探究型式，包括：描述物體、有機物和事件，再加以分類，並進行試驗。

3. 科學家透過簡單工具（例如：尺、放大鏡、溫度計）的使用，比純粹使用感官能夠蒐集到較多的資訊。

4. 科學家透過觀察（證據），及對周遭世界已有的了解（科學知識）做出解釋，好的解釋是以探究的證據為基礎。

5. 科學家將所做的研究公開，並使他人可以複製其研究。

6. 科學家對同儕的研究結果給予評論並提出問題。

　　以上是美國「國家科學教育標準」所列 K～4 年級兒童應具備的科學探究能力與相關概念。過去在幼兒園實施科學探究教學之研究，大都是引導幼兒進行探究，從中了解周遭的自然現象，而未引導幼兒去了解探究歷程，從而培養幼兒的探究能力，及了解探究的相關概念。不過，近年來已有學者將對探究相關概念的了解及對探究能力的培養，導入幼兒園的科學探究教學研究中。實施的對象不只是 5 歲班的幼兒（所謂的 K），甚至包括 4 歲幼兒（Pre-K），這些研究在本節第二段已有引述，第六章將再深入探討。

幼兒科學探究教學實例

　　在提倡實施科學探究教學之初，幼兒園進行的科學探究教學，大都只是讓幼兒經歷科學探究，並從中建構科學概念與知識，而不強調探究歷程相關概念與技能的教導。後來，有些幼兒園在引導幼兒進行科學探究之同時，也融入探究歷程相關概念與技巧的教導。不過，這樣的科學探究教學通常都有專家學者的支持。再者，在科學的不同次領域，雖然科學探究的歷程大致相同，但是探究歷程中的每個步驟，在不同次領域之重要性卻不同。

　　因此，以下分別陳述不同次領域，包括生命科學、物理及地球與太空科學的探究教學型式，並舉例說明。在生命科學與物理領域，都先介紹國內外純粹引導幼兒科學探究的教學實例，而後再介紹融入探究相關概念教導的科學探究教學實例。至於地球與太空科學，因融入探究相關概念教導的科學探究教學實例闕如，只介紹純粹引導幼兒科學探究的教學實例。

第一節　生命科學的探究特徵與教學實例

一、生命科學的探究特徵

在幼兒園進行科學探究教學，選擇生命科學的主題進行，最能引發幼兒的興趣，因為動、植物在我們的生活周遭隨處可見，是很容易取得的教學資源。再者，動、植物與人類的生活密切相關。此外，動物因能自行移動，很能吸引幼兒的注意。還有，動、植物較為具體，不像有些物理現象，不易觀察。不過，生命科學的探究倚賴有系統且長時間的觀察，如何維持幼兒長期觀察的興趣則需要適當的設計與規劃。

觀察是科學探究的第一步，也是最重要的部分。日常生活中我們無時無刻不在觀察，但是我們的觀察幾乎都是隨興且不經意的，既沒有特定目標，也沒有針對該目標做持續性的觀察。這樣的觀察，很難使我們對周遭自然界有正確的了解。相較之下，科學家所做的觀察則具有目標性與系統性。科學家從觀察自然現象產生疑問，進而提出研究問題，再透過有系統的觀察蒐集資料，並將資料整理分析，最後做出結論來回答研究問題。

科學探究的觀察不只在認識表面現象，例如：知道花或鳥的顏色和名稱，更要去了解影響現象產生的原因，例如：花為什麼會長這個樣子，這和遺傳，還是生長的環境有關？鳥在做什麼，什麼因素使牠會有這樣的行為？要對影響這些表面現象的原因有所了解，必須先確定觀察的重點，同時還要規劃如何進行觀察與記錄。透過觀察與記錄所蒐集到的資料，還必須加以比較與整理，從不同的角度去找出相同

點與相異點，才能做出結論。在幼兒園進行的生命科學探究，可以從生物的特性、生物的生命週期及生物與環境之關係三大主題著手，但此三大主題很難切割，若能適當整合交錯進行，較能引導幼兒了解生命現象產生的原因。

　　以下引述針對生物特性、生命週期及生物與環境之關係的探究教學實例，並做適度分析。首先呈現純粹引導幼兒進行科學探究的教學實例，而後再介紹融入探究相關概念教導的科學探究教學實例。

✿ 二、教學實例

（一）純粹引導幼兒進行科學探究的教學實例

1. 植物與動物生長的探究（陳淑敏，2001，2002a，2002b）

　　筆者多年前曾和幼兒園合作進行生命科學的探究教學研究，探究的主要目的是引導幼兒了解生物的生長歷程及其影響因素，附帶的也去了解生物的特性，以及生物與環境之關係。這個教學研究總共進行了兩個主題，從「植物的生長」到「動物的生長」。當時選擇生命科學作為探究的主題，除了前頁提到生物是具體可見、容易觀察及幼兒對動物的喜愛等因素之外，還考慮到幼兒教師對生命科學的了解較科學的其他次領域為多。此外，參與研究的幼兒教師大都生長在農家，對我們所要種植的植物和飼養的動物都有相當的了解。換言之，這些幼兒教師具備相關的內容知識（content knowledge）。

　　不過，教學要有效能，教師除了應具備所要教授的內容知識，還應了解學生在教材內容的先備知識（Shulman, 1987）。參與研究的幼兒教師雖然具備教學所需的內容知識，但是對幼兒的「生命科學」先期概念並不了解，所以在探究教學之始，就先透過提問加以評量。之

後，在整個探究的歷程，教師也經常透過提問或聆聽幼兒之間的談話，評量幼兒已有的相關概念和知識。除了從幼兒的話語，有時也從幼兒的圖畫了解幼兒的先備概念與知識，例如：在帶領幼兒參觀農業改良場之前，先將幼兒分組畫出次日所要觀察的標的植物，以木瓜為觀察標的的那組幼兒就畫他們所知道的木瓜。從幼兒所畫，教師才了解幼兒對當地盛產的木瓜所知甚少。透過參觀前對木瓜的想像繪畫，更誘發了幼兒去認識木瓜的渴望，提升了幼兒觀察記錄的專注力，因而對木瓜的特徵有較深入的了解（細節請參閱陳淑敏，2001）。

　　為了讓幼兒觀察到生物生長的完整歷程，從而了解生物的生命史，研究社群決定種植植物與飼養動物。在種植之前，教師先透過提問，去了解幼兒有關影響植物生長因素的先備知識，並由此引導幼兒去探究。在種植植物的過程，也透過簡單的實驗去探究某些因素對植物生長的影響，例如：種植快速成長的綠豆，將已經發芽且長出莖和葉的綠豆苗，在控制其他影響因素之下，對其中一些豆苗提供充足的水分，另一些則不提供水分，觀察記錄並比較其生長情形；又在其他因素都相同的情況下，將一些綠豆苗放在陽光充足的地方，另一些則放在陰暗的地方，觀察記錄並比較其成長情形；還有將原先都種在棉花上已經長出莖和葉的綠豆苗，大部分移植到培養土，少部分繼續留在棉花上，持續觀察記錄其成長並進行比較。

　　在探究過程，幼兒必須做持續性的觀察記錄以蒐集資料，而素描是最適合幼兒記錄所觀察的生物之方法。不過，幼兒雖然喜歡畫圖，卻常常畫其所想，而非畫其所見。參與教師發現這個問題，因此在幼兒進行觀察記錄時，經常引導幼兒去比較其所畫與其所見實物之異同。透過這樣的引導，從幼兒的長期觀察記錄，師生都看到了所種植物及所飼養的動物之生長變化，例如：從幼兒所畫，可看到從一顆綠

豆，接著發芽，長出莖和葉，而後開花，最後長出豆莢的生長變化。
又如，看到小雞如何從雞蛋破殼而出，接著羽毛長得較為豐厚，再長
出尾巴，而後長出雞冠的成長變化。

除了教導幼兒觀察記錄，也教導幼兒使用工具以使資料的蒐集較
為正確且豐富。教導工具之使用，也可維持幼兒探究的興趣並提升科
學探究教學之效果（Hong & Diamond, 2012），例如：在「植物的生
長」探究過程中，幼兒最初是使用非制式的丈量工具，過了一段時
間，為了更精確比較綠豆苗的成長，也教導幼兒使用直尺丈量。又
如，在「動物的生長」探究過程中，有些幼兒拿著放大鏡觀察蝸牛和
他們所產下的卵，但卻將放大鏡貼近眼睛，好像戴眼鏡般地在觀察。
教師見狀，也教導幼兒如何使用放大鏡，並請幼兒比較哪種方式，可
以比較清楚地看見所觀察的實物。在觀察記錄小雞的成長時，也引導
幼兒使用磅秤幫雞隻秤重，以了解雞隻重量的改變。

不論動物或植物，生命初期的改變都較迅速，較能吸引幼兒觀察
記錄的興趣，也適合做較密集性的觀察記錄。不過，之後的改變就比
較緩慢，就不必像初期那麼密集地記錄，而要維持幼兒持續觀察與記
錄的興趣也比較困難。此時，教師經常和幼兒共讀圖畫書，或鼓勵幼
兒查閱圖鑑，以維持幼兒探究的興趣。此外，也常帶領幼兒到戶外甚
至社區觀察花草樹木及居住在其中的昆蟲，以與課程連結並維持幼兒
觀察周遭自然界的興趣。

不過，動、植物從出生到繁殖下一代都需要一段相當長的時間，
所以這樣的主題比較適合安排在學期之初進行，尤其是下學期的期
初，剛好接近最適合萬物生長的春天。上述的科學探究教學，就是選
在這個時候開始，因此到了期末，幼兒能夠完整的觀察到所種植的植
物開花結果，較為完整的生長歷程（陳淑敏，2001）。至於所飼養的

動物，在課程將近尾聲時，幼兒看到了蝸牛產卵，但在這之前，幼兒所看到的生長變化並不明顯。至於所飼養的雞隻是從使用燈泡孵蛋開始觀察，所以幼兒也看到了不同階段的改變。然而，雞的生命較長，飼養的工作較為繁瑣而所需的空間也較大，加上這些年來又常爆發禽流感。所以，在進行動物成長的探究教學，選擇體積較小且飼養較易的昆蟲會比較適合。

2. 蠕蟲的探究（Worth & Grollman, 2003）

透過種植與飼養，比較可以讓幼兒仔細而深入地去探究某種植物或動物的特性與行為及成長與發展，但是種植與飼養都需要足夠的空間，還必須花費很多時間和精力去照顧，使得師生都很忙碌。若前述條件不足，帶領幼兒去戶外做經常性的觀察與探究是較為可行的方式。

Worth 與 Grollman 觀察到一名教導 3 和 4 歲混齡班的幼兒教師，就從帶領幼兒進行戶外觀察中進行科學探究。去戶外探究之前，教師先和幼兒討論如何作為一個生物學家，讓幼兒知道去戶外探究不是去奔跑和追逐嬉戲，而是去觀察植物與動物。此外，又討論生物學家如何使用工具找尋與觀察生物。之後，又提供幼兒機會去練習所要使用的工具。

在即將出發探究之前，教師先提出問題請幼兒預測可能會觀察到什麼。這個主題連續進行了數週，師生每週都去戶外觀察幾次。外出觀察之前，教師都先問幼兒下列問題：「上次我們找到什麼？在哪裡找到的？牠們是什麼樣子？猜猜看今天我們會找到什麼？」對於幼兒的發現，老師都以下列問題回應：「你在哪裡找到的？牠的家是什麼樣子？你怎麼找到的？」

起初，幼兒比較常找到的是蠕蟲，而從教師的提問，幼兒逐漸思

索出哪些地方比較可能找到蠕蟲。在用放大鏡仔細觀察每個人所抓到
的蠕蟲之後，幼兒發現所有的蠕蟲都有共同的特徵。該班一名有豐富
抓蟲經驗的幼兒，常常成為同儕請教的對象。當幼兒抓到昆蟲時，常
常去請教她各種問題，而教師也在聽到幼兒的談話之後，順勢導入其
他問題。

經過一段時間，探究與反思變成教室文化的一部分。每次戶外觀
察之後，師生合作將當日的發現列表。教師再提出新問題：「牠在做
什麼？為什麼牠這樣移動？」此外，教師也將幼兒所提的問題寫在壁
報紙上，其中有些直接讓幼兒去查考圖鑑以找出答案，有些則進行延
伸探究。教師也鼓勵幼兒畫出他們觀察的蠕蟲，並說出他們所畫的內
容，由教師幫忙寫下註解。因著教師的引導與鼓勵，幼兒對昆蟲產生
積極探究的興趣，又能使用其五官與放大鏡仔細觀察，並思索生物的
多樣性及其與生活環境的關係。

不過，純粹做戶外觀察，只能了解動、植物的特徵與習性，而難
以了解其生命史。要了解生物的生命史，較佳的方法還是種植與飼
養。

（二）融入探究相關概念教導的科學探究教學實例

1. 學前科學的理路（Preschool Pathways to Science，簡稱 PrePS）

由發展心理學者 Gelman 與 Brenneman（2004）主持的「學前科
學的理路」探究教學研究，也是以動物和植物為探究的對象。這個研
究是在招收 5 歲以下幼兒的幼兒園進行，在這個研究中，除了引導幼
兒學習科學概念之外，更重視教導幼兒科學歷程的相關概念，以及用
來命名科學概念的詞彙與該概念所蘊含的知識。

　　在科學探究之初，教師即教導幼兒使用科學探究相關概念的詞彙，包括，觀察、預測及檢核等概念，以利幼兒進行科學探究。概念的教導是在團體時間進行，教師首先詢問幼兒什麼是感覺，以及各種感覺所使用的身體部位。接著展示一顆蘋果，請幼兒使用五官進行觀察，並寫下其觀察，如同科學家記錄其觀察一般。接著讓幼兒在一張簡圖上記下顏色、表面紋理、溫度等並張貼在牆上。在下一個團體時間，教師引入「預測」的概念。教師告訴幼兒，當無法直接觀察時，科學家使用他們的知識進行預測，而預測就是猜猜看。接著，教師請幼兒猜猜蘋果的內部有什麼，以及有多少粒種子，並記錄全班幼兒的預測。之後，教師切開蘋果並請幼兒輪流檢視其內部及數算種子的數目，又請幼兒檢核是否與預測一致。

　　透過上述教學，教師不著痕跡地融入科學探究歷程相關概念和詞彙的學習和使用。幼兒在習得這些概念之後，就可以順利進行後續的探究活動。不論探究什麼概念，教師反覆使用觀察、預測及檢核等詞彙，引導幼兒進行探究活動。

　　科學探究是學習科學的方式或途徑，而科學教學的主要目的還是在引導幼兒認識自然界。教師在以蘋果教導觀察、預測及檢核等探究歷程概念與技巧之後，隨即展開生命科學的探究活動。隨著幼兒的興趣所向，也引導幼兒進行簡單的實驗，例如：陽光與植物生長關係的實驗，讓幼兒從中找到自己所提問題的答案。雖然這個研究是在招收5歲以下幼兒的幼兒園進行，但卻強調教導幼兒了解探究歷程相關概念及使用正確的科學詞彙。由此研究可見，透過適當的引導，4歲幼兒也能了解探究歷程的相關概念，而透過這樣的學習，幼兒更了解如何進行科學探究，因而能對自然界有更正確的了解。

2. 科學素養方案（The Scientific Literacy Project）

　　由美國普渡大學的Samarapungavan等人（2008）主持的「科學素養方案」，在同一所公立幼兒園的四個5歲班實施。研究者選擇生命史較為短暫的帝王蝶，進行其生長與發展的探究教學研究。探究教學的目的除了引導幼兒學習「帝王蝶的生命史」相關知識，還要引導幼兒了解科學探究歷程。該科學探究教學為期5週，每週2天，每天30分鐘至1小時。雖然為期不長，但幼兒觀察到從幼蟲、蛹，而後成蟲的成長變化，而他們／她們也深深被這些現象所吸引。

　　單元之始，在團體時間，教師先引導幼兒討論「科學是什麼？」及「什麼是科學家？科學家做些什麼？」從幼兒的回答推測，他們／她們對科學的認識非常模糊。接續的活動，教師拿出一顆帶殼的堅果，幼兒紛紛猜測那是什麼。教師接續問幼兒要如何做，才能知道該物究竟是什麼。在第二個活動，教師出示直尺和放大鏡等探究工具，並與幼兒做簡短的討論，來介紹科學家在探究時使用的工具。在第三個活動，首先透過團體討論介紹探究歷程的相關概念，並評量幼兒對蝴蝶生命史的了解。在第四個活動，教師出示內置一株馬利筋和住在那棵樹上約一個月大的帝王蝶幼蟲的飼養箱，並請幼兒預測毛毛蟲會如何成長，長大之後會是什麼樣子。由於幼蟲的顏色與馬利筋近似，所以幼兒在教師的引導下，才看到這些幼蟲，師生之間因而有「保護色」的討論。

　　接續，每週兩次，幼兒持續觀察和記錄，以素描、照相及書寫等方式在科學筆記本上記錄幼蟲的成長。當幼兒觀察到這些幼蟲一動也不動的吊掛在樹枝上一段時間後，對幼蟲是否進食產生了疑問。在第六個活動，隨著幼蟲逐漸成長，師生討論如何透過丈量去了解毛毛蟲的成長。最後，幼兒透過小組和團體活動，分享其探究結果，並找出

尚未解決的議題或問題。

生命史不長，又有多個生長階段，且不同階段的生長變化極大的蝴蝶，最能吸引幼兒探究的動機與意願，而且這樣強烈的動機較能持續。此外，蝴蝶較易飼養且較不占空間，是觀察生物生長與發展的最佳對象。教師若能適當的引導，幼兒對蝴蝶的生命史及生存環境會有較深入的了解。透過對蝴蝶的經常性觀察，幼兒不僅能建構有關蝴蝶的特徵、行為與習性的相關知識，還能了解其生命史，及其與環境的依存關係，更可以從中教導幼兒科學探究的相關概念與技巧，是非常適合在幼兒園進行探究的生命科學現象。

3. 蟋蟀的探究（Metz, 2004）

加州柏克萊大學的 Metz 批評，過去針對年幼兒童所進行的科學探究教學研究，大都流於教導學生零碎的觀察技巧。Metz 指出，教導學生科學探究應從提出探究問題開始，而及於完整的探究歷程，讓學生不只獲得科學知識，還能了解自己是如何獲得科學知識，這也是美國「國家科學教育標準」所列 K～12 年級學生都應具備的能力標準（NRC, 1996）。

因此，Metz 與小學二年級教師合作進行科學探究教學研究。探究教學從教師引導的全班結構性探究開始。首先選擇齧齒目動物進行觀察，從中引導學生區分觀察與推論之差異，並讓學生了解觀察者的不當介入如何改變動物的行為。除了觀察，學生也經由閱讀書本和觀賞錄影帶及討論，獲得齧齒目動物的相關知識。在團體討論時，學生對所探究的現象提出自己的推論，教師則引導學生評估所做的推論是否適當。如此引發了更複雜的資料蒐集，而新的研究問題因而產生。此時，Metz 與教師介紹了新的探究方法，例如：實驗，讓學生了解觀察不是科學探究的唯一方法。此時，由能力相當的二或三人組成小組，

開始了自主性的探究，每組根據自己所提出的問題，設計與執行其探究計畫。在整個探究過程，教師經常透過提問討論，引導學生了解科學探究歷程及相關概念，例如：「所提的問題是否可以進行探究？」「能否蒐集到資料來回答問題？」「所要探究的動物（例如：蟋蟀）有哪些特殊的行為？」「不同的次級團體（例如：雌與雄）的蟋蟀，其行為有何不同？」「哪些因素會影響蟋蟀的行為？」

經過 10 週的探究活動，大部分的小二學生不只對蟋蟀的行為有豐富的認識，對科學探究歷程更有深入的了解。

從 Metz 的研究可見，在動物生長的主題進行科學探究，除了讓學生透過觀察記錄，了解動物的行為，還可做次級團體的比較。此外，還可以加入一些實驗，讓學生改變動物的居住環境（例如：溫度或噪音）以探究其行為的改變。不過，選擇體積較小的昆蟲飼養，較有利於進行觀察與實驗，並減少動物飼養所帶來的工作負擔。

當前述研究已顯示，透過適當引導，小二學生不但能進行科學探究，還能設計與規劃科學探究之時，為何有些幼教學者仍在質疑幼兒園實施科學探究的可行性？若將前述的科學探究教學目的只設定在了解科學探究歷程，及生存環境的改變對動物行為的影響，則透過教師適當的引導，幼兒不只能透過變因的操弄，去探究昆蟲行為的改變，也能了解科學探究。

上述所引科學探究教學實例，有筆者曾經和幼兒園合作進行的，也有引述自國外優良期刊的論文，這些科學探究都是選擇生命科學領域實施。筆者已在本節之初，指出幼兒園較常選擇生命科學進行探究的可能原因。除了先前提到的原因，目前資訊的容易取得，也可能是另一個重要的原因。動、植物的探究除了實物觀察，圖畫書和圖鑑的閱讀與查考都是重要的教學活動，目前市面上印刷精美的動、植物圖

鑑很多，上網還可以搜尋到可觀賞的相關影片。適當利用這些教學資源，可使生命科學的探究更為深入。

國外幼兒園進行的優質探究教學可以作為我們實施的參考，不過因為氣候與地形的差異，他們所探究的動、植物，在臺灣不一定容易取得，所以他們所進行的某些探究活動也不一定能在臺灣實施。當今，科學教育與環境教育都提倡了解與愛護在地原生物種，因此應該盡可能探究臺灣在地的物種。國外幼兒園對動、植物所進行的科學探究，比較值得我們學習的是教師如何引導幼兒進行科學探究。

綜合上述所引教學實例，可見：生命科學的探究需要長期的觀察記錄，觀察的重點包括：生物的外表特徵、身體結構、生活習性及成長發展。若純粹只從觀察進行探究，選擇校園或社區公園等物種較多的地區進行，可做不同物種的比較。若是要深入了解某個物種的生長與發展，飼養與種植則是較佳的選擇。在飼養與種植的過程，還可以加入一些簡單的實驗，以了解某些變因對動、植物生長或行為的影響。不過，以探究方式進行生命科學教學，教師應引導幼兒針對所觀察的現象進行提問討論與預測，再針對所做的預測進行持續性的觀察與記錄，最後整理所記錄的資料做出適當的推論。

如何引導幼兒進行科學探究？Vosniadou 與 Ioannides（1998）指出，探究教學重視幼兒的科學先期概念，作為教師教學引導的基礎。不過，兒童對生活經驗雖能做出解釋，但是他們似乎並未意識到自己的解釋架構，也似乎不知道自己對自然現象的解釋只是一些假設，還必須經過實驗或否證。教學應創造讓幼兒表達對自然現象看法的環境，讓幼兒意識到自己內隱的觀點，並能將自己的與他人的觀點加以比較。此外，還要提供幼兒有意義的學習經驗，例如：進行有系統的觀察以及從動手實驗中得到探究的結果。上述刊登在國外優良期刊的

幾個大型研究，都強調教導幼兒科學探究歷程的相關概念是引導幼兒進行科學探究，所不可欠缺的課程與教學。當幼兒了解探究歷程的相關概念及能使用相關技巧時，他們更能提出可探究的問題，以及能更自主的進行探究，而不需要教師亦步亦趨的引導。

第二節　物理的探究特徵與教學實例

一、物理的探究特徵

相較於生命科學，無生命的物體及物理現象似乎較難引起幼兒的注意。有關幼兒對影子覺知的研究，發現受訪的 4 歲幼兒，有 75%知道白天會有影子，但知道夜間也會有影子者只有 62.5%（陳淑敏、張靜儀，2007）。雖然影子是經常可以觀察到的現象，但似乎不是每名幼兒都會注意到。

再者，物理現象似乎也較難被幼兒了解，所以幼兒園進行物理領域的教學相對較少，且幼兒教師在物理領域的科學教學所遭遇的困難，也比生命科學領域為多（Kallery, 2004; Kallery et al., 2009）。物理領域的科學教學常像在變魔術，只是製造驚奇和娛樂幼兒，卻未能提供幼兒建構知識的機會。刊登在優良期刊，且由幼兒教師進行教學的幼兒園科學探究，幾乎都是探究生命科學領域。至於發表在優良期刊的物理領域教學，幾乎都有研究者的支持與合作，甚至由研究者擔任教學者的行動研究。相對地，由幼兒教師進行物理領域教學的成功案例，猶如鳳毛麟角，十分稀少。

由於有些物理現象並非像動物與植物那麼明顯而具體，幼兒可能視而不見或聽而不聞，另有些則必須經由個體的操作才會產生，幼兒

更不易察覺。因此，物理現象的探究方式和生命科學略有不同。不過，物理現象的探究方式，也因現象特質的差異而有不同，其探究方式大致上可分為下列三種：(1)涉及力學的物體運動：這類探究需要幼兒的操作，以使物體產生特定反應，所以這類探究是以幼兒的操作為主而觀察為輔；(2)物體本身會產生某種變化的現象：這類現象的發生是因為物體本身的特質而非幼兒的操作，其中有些變化非常明顯，例如顏色的混合，而有些則不明顯，例如：鹽溶解於水。再者，有些會因為幼兒的操作加速物體的變化，例如透過攪拌使鹽加速溶解於水，有些則否。因此，這類探究首重觀察，操作則為次要；(3)某些現象的發生是因為物體本身的特質，但物體本身不會產生變化：這類現象，包括：浮沉、影子、鏡子所產生的種種現象、回聲、放大鏡及磁鐵的吸附。這類現象的探究，主要是透過有組織的觀察，操作也是次要（Kamii & DeVries, 1999）。筆者認為上述三類活動，以第一和第三類較適合幼兒進行探究，因為幼兒可以透過實際操作或觀察比較，去推測影響現象發生的可能原因。至於第二類的活動，則比較不適合幼兒去進行探究，因為那些現象的改變是導因於物體本身的特質，但這些特質卻是幼兒所難以了解的。

除了探究方式與生命科學有所不同，在物理探究所做的觀察記錄，也不像生命科學那麼強調描繪所見物體，而是要記錄可能影響現象發生的各個因素。所以，常需與數學整合，運用測量、計算及製圖記錄各個要素，例如：丈量球滾的距離、坡道的長度、畫出物體在水中的位置而非物體本身。之後，再將所記錄的資料加以整理分析，從中找出各個因素之間可能的關係（Worth & Grollman, 2003）。

🌸 二、教學實例

（一）純粹引導幼兒進行科學探究的教學實例

1. 力與運動的探究（Worth & Grollman, 2003）

　　從嬰兒期開始，物體的移動已能深深吸引個體的注意。開始學習走路的幼兒喜歡到處走動，所到之處各種物品無不被其拿起又丟下，或運用各種動作創造物體的移動（陳淑敏，2016）。讓彈珠在斜坡軌道上快速滾動，是幼兒非常喜愛的活動，市售的軌道彈珠造型千變萬化，很多幼兒百玩不厭。然而，儘管市售的玩具非常好玩，還是比不上讓幼兒自己創作來得有變化，且能帶來成就感。使用教室已有的單位積木，再提供有凹槽的木條，幼兒也可以自己搭建斜坡軌道，由此進行「力與運動」的探究。自己搭建斜坡軌道，可以變化坡度大小及斜坡長度，還可以在軌道上放置各種物體，探究物體向坡底移動速度的差異，比市售玩具更適合進行「力與運動」的探究。

　　在金老師服務的幼兒園，地下室有一個廣大的空間閒置著，她就在那裡設置了積木區。有一天，金老師將放置在積木區的中空長方形木質積木和有凹槽的木條，及玩具汽車和卡車移到戶外，並觀察幼兒會怎麼去玩。金老師原本預期幼兒會搭建斜坡軌道，但她發現幼兒都將中空的積木倒蓋，連結成一條隧道。金老師於是就問：「可以有一條路通到隧道嗎？」幼兒聽到後，就在隧道附近平放一塊木板。金老師再問：「如果我把大卡車放上去會怎樣？」阿杰聽到，立刻拿了一部卡車放在平放的木板上，並用手推動卡車，卡車移動了一會兒就停了。阿政看了，拉起木板，卡車隨即滾入隧道。金老師看了，又問：「你們可以建造一條道路，讓卡車能自動進入隧道，而不需要再用手

去拉起木板的嗎？」阿永聽了，立刻拿起木板，在木板的一頭墊著一塊大積木，另一頭緊接著隧道。這時，阿杰隨即將卡車放在木板頂端，卡車快速滑進隧道。幼兒看了，都興奮地大叫。老師接著又問：「你們可以蓋一條軌道，讓卡車可以一路滑出隧道嗎？」幼兒聽了，立刻動手進行。金教師在一旁觀察，當幼兒遇到挫折時，就提供建議。

這幾名幼兒搭建軌道的活動，引發了其他幼兒的興趣。一週之後，金老師又提供了其他材料，想讓全班幼兒可以一起建構一個軌道系統，讓球（或汽車、卡車）在軌道上以不同的方式或速度移動，以探究各種物體在軌道上移動的速度。在此之前，金老師已先嘗試各種玩法，以便能做適當的引導。有一天，團體討論時間，金老師出示硬紙板做的圓筒，以及將圓筒中剖而成的長條形凹槽，還有一顆籃球。金老師問：「這些東西，你們會怎麼玩？」一名幼兒說：「做一個東西，讓球可以滾下去。」其他幼兒跟著附和，另一名則立即行動。因為幼兒反應熱烈，金老師順勢提出另一個挑戰，詢問幼兒能否合力搭建一座大型軌道，讓球沿著整個教室滾動。由於想參與的幼兒很多，最後全班分成了四組開始搭建。

在搭建的過程中，金老師持續觀察，她發現 3 歲幼兒不斷地在嘗試錯誤，4 歲幼兒則能透過討論，設定目標，分享材料與想法，合力排除障礙。有兩組幼兒還會將從教室兩端搭建的封閉式軌道銜接起來。之後，他們又將球放入軌道，球立刻急速下滾，消失在隧道中。當球從另一端滾出時，幼兒都興奮得大叫：「太棒了！我們成功了，這個比較快！」

次日，金老師提出另一個問題：「要怎麼知道不同的球，從同一個軌道滾下，會滾多遠？」金老師希望幼兒能注意到球滾動的距離，

以及造成它們距離差異的原因。接著，金老師又提供幼兒貼紙和記錄單，去標示球滾動的距離並做記錄。記錄單上共有三欄，其中一欄可註明軌道搭建者的名字，另一欄可標示使用了多少塊積木去墊高軌道，還有一欄標示球滾動的距離。之後，金老師教導幼兒使用直尺和單位積木丈量距離。接著，金老師請幼兒看著地上的貼紙和幼兒所做的紀錄，和他們討論為何有時球滾得很遠，有時卻很近。阿政邊比動作，邊說：「我這樣做。」老師就問：「多少塊積木的坡度？」老師幫忙找出阿政的記錄單，阿政說：「3塊。」阿男說：「我蓋的軌道像山一樣，真的很陡。」從幼兒的回應，金老師發現，從地上的貼紙雖然可以知道車子移動的距離，但無法得知車子移動的距離與軌道坡度的關係。因此，老師鼓勵其中一組4歲幼兒記錄與蒐集資料，又協助他們畫圖。透過資料的蒐集與整理製圖，幼兒最後得到的結論是：坡度是影響球滾動距離的原因。

上述實例是在3和4歲混齡班進行的「力與運動」的探究，這個探究是教師引發的活動，教師透過特定教學資源的提供與提問，導引幼兒往預設的目標前進。不過，教師並未直接告訴幼兒要怎麼進行，而是透過提問引導幼兒思考要如何探究。在資料蒐集與整理製圖上，教師提供較多的鷹架。透過這樣的引導，幼兒能從中了解坡度與球滾動距離的關係。

透過這個實例，可以澄清臺灣幼教界存在的迷思之一，探究教學（方案課程是探究教學的一種）應該是幼兒引發；迷思之二，幼兒園不適合進行科學探究教學，因為幼兒能力尚不足應付。最重要的是，這個實例提醒要嘗試實施探究教學的教師，要引導幼兒進行科學探究，教師應先充分試玩所要進行的活動並了解其中的道理。

引導幼兒進行科學探究，不妨從幼兒喜愛的活動出發，例如：幼

兒喜愛玩積木，但在積木區常常進行扮演遊戲。幼兒也喜愛玩軌道汽車與軌道彈珠，但都只是反覆相同的玩法，例如反覆地將汽車或彈珠從最高點放下。教師適當的介入，可以引導幼兒嘗試不同的玩法，例如金老師利用幼兒常玩的積木，再提供有凹槽的木條和紙筒引導幼兒整合積木與軌道彈珠的玩法，激發幼兒搭建軌道系統，進行「力與運動」的科學探究。

2. 光和影子的探究（陳淑敏等人，2007）

影子是生活周遭常可觀察到的自然現象，但是年幼兒童常常「視而不見」。曾經看過一段影片，數名 2 歲幼兒單獨在戶外，突然看到地上自己的影子，幾乎都被自己的影子嚇到，有的甚至嚎啕大哭，努力奔跑亟欲甩掉自己的影子，只有一名幼兒安靜蹲下，仔細地觀察自己的影子。過去的研究（陳淑敏、張靜儀，2007；Chen, 2009）發現，有相當比例的 4 和 5 歲幼兒，不曾注意到白天出現的影子，而更多的幼兒不曾注意到晚上也會有影子。筆者曾經在幼兒園看過教師帶著幼兒玩「踩影子」的遊戲，不過也止於遊戲，並未對影子進一步探究。著名的 Reggio Emilia 市立幼兒園曾經進行「影子」的探究，並且匯集成冊，書名是《除了螞蟻之外，所有的東西都有影子》（Commune de Reggio Emilia, 1990）。

為了執行行政院國家科學委員會的計畫，筆者私下徵求研究對象，經與筆者熟識的一名教學優良幼兒教師的推薦，選定兩名較常進行科學教學之幼兒教師，就「昆蟲」、「光和影子」訂定教學主題並設計教案，再實施教學。這兩名教師都有豐富的昆蟲知識，但是從觀察資料的分析，發現在「昆蟲」主題的教學都偏重知識的灌輸。雖然在教學過程中，教師也經常帶領幼兒去校園觀察昆蟲，其中一名教師甚至在教室飼養昆蟲，讓幼兒可以就近持續進行觀察。然而，整個主

題進行的過程，幾乎都是教師在帶領幼兒觀察，也都是教師在提供解釋。既未曾提出探究問題，也未曾引導幼兒針對觀察進行記錄，再將蒐集的資料加以整理分析，並做出解釋。反倒是在「光和影子」的主題，其中一名教師的教學有較接近探究取向，因此筆者只選取這名教師在這個主題的教學加以分享。以下呈現其教學過程之摘要，並做分析。

　　張老師服務於鄉下的一所國小附設幼兒園，該校重視生態環境教育，校園有非常豐富的生態環境。在這樣的學校氛圍中，張老師經常帶領幼兒探索校園，進行科學活動。影子探究的第一天，張老師一如往常，帶領著幼兒尋訪校園。走在校園，張老師順道介紹校園裡的植物。在校園步行途中，張老師透過提問，引發幼兒對影子的注意。

光和影子的探究　團體討論摘要 1

張老師：怎麼會有黑黑的東西跟著我們？

C1　　：那是影子啦！

C2　　：對。

張老師：是什麼呀？

C　　　：影子。

張老師：那個叫影子唷。

〔不久，太陽被雲遮住，影子消失〕

張老師：剛才那個黑黑的東西跑到哪裡了？

C3　　：這裡沒有太陽，沒有那個光，所以沒有影子。

　　在探究之始，張老師透過提問，引發幼兒對影子的注意。在校園尋訪途中，太陽忽隱忽現，而影子忽濃忽淡，有時淡得幾乎看不到。

之後，張老師和幼兒在戶外玩起了各種影子遊戲。最後，將全班幼兒分組，每組由一名幼兒擔任模特兒，其他幼兒試著將模特兒的影子畫下來。但因影子忽隱忽現，且被畫影子的幼兒不耐久站，所以無法完成。由於戶外影子出現的不確定性，張老師決定將次日的影子探究移到室內進行。在幼兒放學之後，張老師隨即將午睡室的玻璃窗貼上黑色壁報紙。

次日，張老師先和幼兒討論前一日在戶外畫影子遭遇的困難，以及當日在課程上擬做的調整。隨後請幼兒分組，提供每組一個人偶和一大張壁報紙，請他們合作利用所提供的物品及各自帶來的手電筒製造影子，並且將影子畫在壁報紙上。在各組幼兒嘗試製造影子時，張老師穿梭在各組之間，觀察幼兒的行為並透過提問討論來提供引導。然而，幼兒比較感興趣的是用手電筒製造影子，而不是畫下人偶的影子。

所以第三天，張老師提供幼兒個別探究活動，此活動名為「讓紙偶回家」。該活動是由幼兒先製作模型，再利用該模型和各自的手電筒製造影子。為了避免幼兒花太多時間製作模型而沒有時間進行影子的探究，張老師提供自製的簡單模型讓幼兒參考。該模型是在圖畫紙的四角貼上四間小屋（小屋只是一片紙，畫上屋頂，再將底部對摺並黏貼在圖畫紙上，即可豎立，如圖 6-1 所示）。之後，在圖畫紙的中心點貼上以紙片畫出的人偶或動物紙偶，同樣也是豎立在紙上。模型完成後，幼兒使用手電筒製造人偶或動物紙偶的影子，並使影子能罩住模型四角的任何一間小屋。

幼兒都興致勃勃地進行活動，有些一邊製作模型，一邊開始製造影子，另有些似乎迫不及待地完成模型製作，然後使用手電筒製造人偶（或動物紙偶）的影子。在製造影子時，有些幼兒很快就能製造出

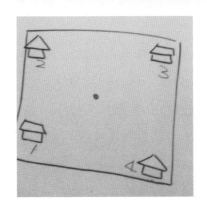

🌑 圖 6-1　模型平面圖

可以罩住其中一間小屋的人偶（或動物紙偶）的影子，有些則經過數次嘗試後才成功。成功之後，幼兒進一步去製造可以罩住其他小屋的影子。有些幼兒沿著模型周邊移動，成功地將人偶（或動物紙偶）的影子，罩住其中一間小屋之後，接著再罩住另一間小屋。如此移動，最後繞著模型一圈，讓人偶影子輪流罩住四間小屋。有些則坐著不動，將模型旋轉使人偶（或動物紙偶）的影子陸續罩住每一間小屋。有些幼兒還拿著手電筒對著教室各處照照，看看會出現什麼現象。幼兒各自探索，玩法各有不同。以下呈現三名幼兒活動行為的觀察紀錄。

光和影子的探究　觀察紀錄 1

〔阿智拿著四角已貼著小屋，但中央尚無紙偶的模型，放在教室前方的大燈泡下方，將模型底部上下抖動〕

阿智　：這樣照，都沒有。

張老師：看到什麼？剛才看到房子的影子呢？

〔阿智將模型一角的小屋靠近大燈泡，模型底部的白紙上出現巨大的

黑影〕

張老師：有了！有了！房子的影子出現了。好長的影子唷！好長的影
　　　　子！

〔阿智將模型之一角靠近大燈泡，並使之微微上凸，而對角向下傾
斜，大燈泡向下照射，小屋的影子變長，不斷上下抖動，影子忽小忽
大〕

阿智　　：變小變大，變小變大。

光和影子的探究　觀察紀錄 2

〔阿佑將四角豎立著小屋，中心豎立著人偶的模型放在地板上。接
著，站起來，拿著手電筒對著模型中心的人偶照射，模型上出現小而
淡的影子。然後，慢慢後退〕

阿佑　　：〔聽不清楚〕

研究助理：你說你一直後退是為什麼？

阿佑　　：因為會前進呀！

研究助理：什麼東西會前進？

阿佑　　：影子會。

〔阿佑認真的探索，看著人偶小而淡的影子，小心翼翼地後退，發現
影子隨著己身的後退相對向前伸長〕

光和影子的探究　觀察紀錄 3

〔阿奇坐著，手持手電筒靠近 1 號小屋，並對著它照射，屋前出現巨
大的影子，影子延伸到對角的小屋，位在模型中心的人偶，則出現模
糊的影子〕

阿奇：有人。

〔阿奇移動至長方型模型寬邊一角的 2 號小屋，拿著手電筒在小屋的正上方對著模型中心的人偶照射，人偶的影子伸展至對角的屋子〕

阿奇：有人跑去那邊了！

〔阿奇再移動到長方型模型長邊一角的 3 號小屋。隨著阿奇的移動，小屋和人偶的影子都略為轉動，大小也不同，當阿奇靜止時，人偶影子伸展至對角的小屋〕

阿奇：跑去那邊了！

〔阿奇移動到 4 號小屋前，隨便照一下，靜止時，出現短小的人偶影子〕

阿奇：跑去那邊了。

〔阿奇繞著紙張逆時針移動，人偶的影子也隨之旋轉〕

阿奇：第 1 號、第 2 號、第 3 號、第 4 號⋯⋯

〔接著站起來繞著模型跑步，手電筒照向人偶，人影不斷旋轉〕

阿奇：繞圈圈，一直繞，一直繞。

張老師看到，說：「ㄟ，你的影子在轉圈圈耶！」鄰近的幼兒聽到，都起而模仿。模仿之後，幼兒又變化出新的玩法。

第四天，張老師和幼兒在戶外進行影子遊戲，讓幼兒以自己的影子做出各種動作，例如：握手，幼兒必須設法讓兩人的手的影子接觸，但兩人的手實際上不相接觸。回到教室後，幼兒繼續玩著昨日的「讓紙偶回家」，張老師則一一觀察每一名幼兒，並與之互動。

第五天，張老師帶領幼兒去兒童美術館參觀「彩色光」的展覽，進行校外參觀教學。第六天，團討時間，張老師和幼兒討論美術館所見。經過熱烈討論，師生合作在戶外教室旁邊，利用彩色玻璃紙搭起

一間小屋。當日陽光燦爛，照進小屋之後，不同的色光混合，形成色彩繽紛的光景，幼兒興奮地擠入小屋內欣賞美麗的光景（照片呈現於本書封面）。

第七天，一早，幼兒繼續在彩色小屋裡遊玩。之後，幼兒回到教室，用彩色玻璃紙包住手電筒，準備開演唱會。製作完成，幼兒輪流上臺表演，臺下的幼兒用手電筒照在臺上表演者身上，大家彷彿在看電視舞臺秀，既興奮又愉快。

第八天，幼兒將剪成小張的各色玻璃紙散貼在透明玻璃杯的外緣，製作彩光杯。製作完成後，每名幼兒利用自己製作的彩光杯，進行慶生活動。當張老師幫每名幼兒彩光杯中的蠟燭點燃，又關掉教室的大燈時，有些幼兒拿著彩光杯，走到教室前方的白色布幕前，使杯影投射在布幕上。還有些幼兒拿著彩光杯，在教室到處嘗試如何製造影子，以及如何使影子變大和變小。探究多日之後，張老師又和幼兒探討影子產生的原因。

光和影子的探究　團體討論摘要 2

張老師：我覺得好奇怪唷，剛才你們拿彩光杯，對不對？有沒有光？

C 　　：有。

張老師：我一樣唷！拿我的杯子出來，結果怎麼了？

〔張老師先在小塑膠盤上點燃蠟燭，再將蠟燭插在一個黑色不透明的杯子中〕

阿智 　：因為那個是黑色的。

張老師：因為是黑色所以看不到光唷！

阿康 　：因為那個不是透明的。

阿智 　：因為它不是透明的。

C1　　：因為它不是白的。

阿愷　：用白色才可以。

張老師：好，那我現在用白色的杯子，白的唷。

〔張老師拿出一個白色不透明的杯子，將蠟燭插在裡面〕

阿嘉　：老師那個不能，因為不是塑膠的。

C2　　：那不是玻璃的。

阿嘉　：那個不是塑膠的，所以不能。

阿佑　：那不是玻璃的，那不是玻璃的。

張老師：喔！塑膠跟玻璃的才可以。

C3　　：那不是透明的。

張老師：那我再去找一個塑膠跟玻璃的。

〔請林老師幫忙尋找〕

張老師：耶，那你們看看唷，用黑色不能耶，那你們說白色我也用白
　　　　色，結果呢？……又不行。為什麼呢？

C　　　：因為那不是透明的！

註：C1 和阿愷所說的「白色」，其實是透明的意思。

　　經過好幾天的探究，有些幼兒還未能完全了解影子產生的原因。
在第一天，已有幼兒說出影子的產生需要光源，但沒有幼兒說出是光
遇到障礙物而造成。其實，連很多國小中、低年級的學生也不了解影
子產生的原因（王龍錫、林顯輝，1992）。從上述討論發現，經過反
覆探究，有些幼兒已能了解光只能穿過透明的物體，但不確定他們是
否真正了解影子的成因。於是，張老師又提出反例和幼兒討論。

光和影子的探究　團體討論摘要 3

張老師：原來喔，透明的杯子可以看到光，那我問你們喔……

〔張老師拿起一張黑色大紙卡，上面有白色的數字〕

張老師：請問你，我這裡有一張什麼？

〔當時，教室窗戶都貼上黑色壁報，且未開燈，僅有從縫隙透進的微弱陽光〕

C　　　：1、2、3 的貼紙。

張老師：好，這裡有 1、2、3。那我們來看看，光可不可以從 1、2、3 裡跑出來？

C　　　：不行。

張老師：那我要怎麼樣才可以讓光跑過去呢？

C1　　：要給它挖個洞！

　　　　經過反覆討論，有些幼兒已能了解光能穿透玻璃，但遇到其他障礙物就被阻擋。之後，又進行分組活動。其中一組去找教室裡可以讓光通過的物品，另一組找不可以讓光通過的物品。找到之後，再用手電筒對著物品照射，驗證是否能透光。最後，張老師出示兩隻紙卡剪成的魚，其中一隻中間挖洞，另一隻未挖洞，再用手電筒照射，並且進行討論。

光和影子的探究　團體討論摘要 4

〔張老師出示一隻用黑色紙卡剪成的魚，中間挖洞，拿著手電筒照射，光線經過洞，照在牆上〕

張老師：原來光可以從透明的東西跑出去，還有空空的東西也可以怎樣？

C　　　：跑出去。

張老師：跑出去。但是唷，如果是像這樣……

〔張老師拿出另一隻黑色紙卡魚，身上並沒有挖洞〕

張老師：沒有透明也沒有空空的，會變成……

C1　　：黑洞。

C2　　：黑魚。

C　　　：影子。

當日課程實施的方式，包括團體討論，分組與個別活動，活動的主題都圍繞在「影子如何產生」，且內容非常豐富。張老師提供各種資源，讓幼兒深入探究，期能了解影子產生的原因。

第九天，教導「自然光和人造光」。之後，再使用單槍、實物投影機、布幕，以及圖畫書《逛了一圈》（維京）說故事。之後，進行「影子在哪裡？」的遊戲，遊戲過程如下：請一名幼兒充當模特兒，站在一張大張的白色壁報紙中間。實習老師拿著燈，在紙張周圍隨意選擇位置站定。在燈尚未打亮時，請另一名幼兒將大同娃娃放在模特兒的影子可能出現的方位。娃娃放好之後，隨即亮燈，此時模特兒的影子立刻出現，即可檢視大同娃娃是否放對位置。每名幼兒都有參與遊戲的機會，有些擔任模特兒，有些預測影子方位。不過，張老師刻意選擇對影子概念了解較佳的幼兒擔任模特兒，而讓還不理解的幼兒去猜測。當幼兒猶疑不決，不能確定要將娃娃放在哪個方位時，其他幼兒都熱心的指導，氣氛非常熱烈。

第十天，張老師和搭班的林老師合演《影子》（上誼）一書。演完故事，張老師拿出《影子》一書，幼兒看到馬上喊著：「影子、影子。」接著，張老師請幼兒回憶先前有關影子成因之探討。

光和影子的探究　團體討論摘要 5

張老師：我們那天不是有做過實驗嗎？光可以從什麼地方跑出去？

阿儒　：有洞的。

張老師：有洞的跟……

阿儒　：沒洞的。

張老師：光可以從有洞的東西跑出去，還有從哪裡？

阿愷　：透明的。

張老師：透明的，對不對？但是光如果從……像我們人有沒有透明？

C　　：沒有。

張老師：有沒有洞？

C　　：沒有。

張老師：那這樣就會變成什麼？

C　　：影子。

　　簡短討論後，5 歲組的幼兒到戶外畫影子。那天陽光燦爛，全班幼兒都很認真的畫著自己的影子。部分幼兒的圖畫，如圖 6-2、圖 6-3 所示。

　　第 11 天，張老師先和幼兒討論昨日在戶外所畫的影子圖。有些幼兒畫的人或物只有輪廓而未上色，有些則是彩色；無論是否上色，他們所畫的影子都是黑色，且躺在地上（如圖 6-2 及本書封面小圖）。不過，有些幼兒所畫的影子不是躺在地上，因為他們觀察到，當靠近牆壁或圍牆站立，投射在牆壁或圍牆上的影子，和自己一樣也是豎立的（如圖 6-3 所示）。

🌀 圖 6-2　幼兒的影子圖，摻雜觀察所見及想像

（太陽從我後面照過來，影子在我的前面；
　　蜻蜓在天上飛，所以影子在下面）

🌀 圖 6-3　我靠近圍牆，我的影子在圍牆上，也是站立的

（中央的縱線代表牆壁）

　　圖畫分享之後，張老師提供一個大燈泡，請幼兒製造立著的影子。被邀請的阿佑，設法以燈光製造站在教室前方的阿智和阿愷的立影。阿佑拿著大燈泡，背對著其他幼兒站著，而阿智和阿愷面對其他幼兒，一前一後站著。阿智在前方，靠近阿佑手上的燈，阿愷在後，離燈較遠，但較靠近牆壁。燈亮時，阿智的影子巨大但色較淡，少部分在地面，大部分在牆上，阿愷的影子豎立在牆上，較黑且較小。此時，只聽見阿嘉一聲驚呼⋯⋯

光和影子的探究 `團體討論摘要 6`

阿嘉　　：俺娘喂～阿智的影子怎麼那麼大！

張老師：我覺得阿智的比較高？

阿愷　　：因為阿智沒有靠牆壁。

張老師：那請他去靠牆壁，看會不會跟你一樣高，阿智請你去靠牆
　　　　　壁。

〔當阿智和阿愷兩個人都靠牆站立，兩人的影子都豎立在牆上，和他們的實際高度相同〕

C　　　：好小唷。

　　這個偶然的發現，再次引發了影子大小的探究。師生不斷調整燈光與站在臺上的幼兒之間的距離，來製造大小不同的影子，並討論影子變大和變小的原因。最後，張老師使用白色布幕、幾個黑色紙板剪成的影子偶、燈光，演出紙影戲。看完，幼兒開始製作紙偶。

　　第 13 天，張老師提供三稜鏡。幼兒拿著手電筒，對著三稜鏡照射，出現了彩虹。但教室裡看到的彩虹較朦朧，所以張老師建議幼兒去戶外試試。幾名幼兒一組，拿著三稜鏡努力嘗試，要使彩虹出現。

一旦彩虹出現，幼兒就興奮得大叫，他組的幼兒立刻過來圍觀。以下是當時活動的片段敘述。

光和影子的探究　觀察紀錄 4

〔有一組幼兒將三稜鏡豎立放在太陽光中，此時，三稜鏡的前方地上出現彩虹〕

張老師：你看！有沒有看到很清楚？

〔多名幼兒圍觀，有名幼兒擋住光線，三稜鏡被幼兒的影子罩住〕

張老師：哇！為什麼不見了？

C1　　：因為太多人了。

張老師：不是唷！因為一個人唷！

〔阿絜似乎發現是自己，他不停的前後移動，讓彩虹一會出現，一會消失〕

〔此時，彩虹非常清楚〕

張老師：因為一個人唷！誰呀？

C1　　：阿絜。

張老師：阿絜唷！

阿絜　　：我後退它就出來，然後我前進它就不見。

張老師：為什麼會這樣？

C　　　：因為它會被影子蓋住。

第 14 天，最後一天的課程，教師提供幼兒進行太陽與影子位置關係的配對活動（如圖 6-4 所示），以評量幼兒在這個探究活動的學習成果。

🎨 圖 6-4　太陽與影子位置關係的配對活動

　　張老師對影概念的了解似乎較對光概念的了解為佳，因此在「光和影子」的主題，涉及影概念的探究活動，其所設計的情境、提供的教學資源，還有提供的教學引導也較在光概念的活動為佳。因此，筆者大都呈現與影子相關的探究活動。在這些活動中，張老師提供多種不同的活動，引導幼兒去探究影子的成因，光源、物體和布幕三者之間的距離對影子大小的影響，以及光源來向和影子方位的關係。雖然教學主題是預先擬定，但張老師會細心觀察幼兒的學習行為，由此調整後續的探究活動。有時，張老師的言語引導，似乎過於直接，尤其是在該教學主題進行之初。不過，大體上，都能引導幼兒去思考影子現象的成因及特徵。

（二）融入探究相關概念教導的科學探究教學實例

1. 啟動科學探究方案（ScienceStart!）（French, 2004）

　　「啟動科學探究方案」在紐約州實施提早入學方案（Head Start program）的幼兒園 4 歲（Pre-K）全日班進行。該探究方案包括下列四個學習模組：(1)教導組成科學歷程的重要概念與技巧；(2)顏色與光的探究；(3)物質特性的探究；(4)幼兒園鄰近地區動物與植物的棲息地、生長環境、生長與改變，以及生長條件的探究。

　　以「顏色與光」大單元中的「顏色的混合」單元為例，科學教學通常在「團體時間」從師生共同閱讀圖畫書揭開序幕，共讀的圖畫書都與當日的活動有關，例如：從閱讀《小藍和小黃》（*Little Blue and Little Yellow*）或《上色的老鼠》（*Mouse Paint*），導向顏色概念之科學探究。這樣的探究通常又導向如下的科學推理循環：(1)反思與提問（reflect and ask）：從提出如下的問題開始，「我想知道如果……會如何？」「我想知道是否……？」一開始由教師先提問，經過示範，幼兒很快就學到如何將對生活的好奇轉化成開放式的問題；(2)計畫與預測（plan and predict）：透過縝密的提問引出幼兒的計畫或提供建議協助幼兒做出計畫，並請幼兒預測可能的結果；(3)行動與觀察（act and observe）：動手操作執行計畫，觀察實施的結果，以與預測加以比較；(4)報告與反思（report and reflect）：以各種形式的表徵，包括文字與各種圖表呈現自己的發現，及與他人分享，最後讓幼兒反思所學，從而導出新問題。

　　「啟動科學探究方案」的教學活動有些是以團體方式進行，例如：師生共同閱讀圖畫書和討論；有些是分組進行，例如：幼兒選擇以三原色之黏土或塗料進行混色活動；有些是以角落活動方式進行，

例如：在娃娃家提供利用三原色的網狀織物，層層堆疊創造出混色的披肩或圍兜；有些則以戶外活動方式進行，例如：在覆蓋著積雪的小丘上，潑灑三原色的顏料；有些則是以個別活動進行，幼兒可以在角落選擇與主題相關的圖畫書閱讀。透過這些活動，教師和幼兒不斷討論顏色混合，並透過提問引導幼兒更廣泛地去思考科學議題，例如：透過教師所問：「為什麼某兩種原色總是混出同一個顏色？」或許會促使幼兒思考科學探究的「可複製性」（replicability）；或問：「深淺不同的顏色是如何混合出來的？」如此可能提供幼兒發展「比例」（proportion）概念的機會。

　　這個教學實例刊登在幼教界的優良學術期刊，由於作者對教學過程並沒有仔細描述，讀者很難判定其教學是否可算是科學探究。雖然該研究的作者強調教學中採取科學推理的循環，但根據該研究所使用的圖畫書及論文中所描述的活動，筆者質疑該科學教學是否屬於探究取向，理由如下：(1)每日的探究活動都是在師生共同閱讀圖畫書中揭開序幕，但是用來共讀的圖畫書，論文中舉例的那兩本（前已提及），故事內容都已經明白告訴幼兒某兩個顏色混合會變成什麼顏色。即使，師生在共同閱讀圖畫書的過程中，有讓幼兒先進行預測，再讓幼兒看到書中混色結果的圖畫，但整本讀完，顏料的混色結果已經烙印在幼兒腦海中。聽完故事再進行混色活動，雖然有要求幼兒在操作之前先預測，但其所做的預測，勢必受到故事內容的影響。所以，從師生共讀這兩本圖畫書來開始「顏色混合」的科學探究，已無法引導幼兒真正去「探究」。因為，幼兒只不過重複操作書本所載。(2)顏色混合的結果，可分為色光的混合和顏料的混合兩種情況。色光混合的結果和顏料混合的結果不一樣，例如：藍色光和黃色光混合會變成白色光，而藍色顏料和黃色顏料混合卻變成綠色。該研究若只進

行顏料的混色活動（論文中完全沒有提及是否進行色光混合的探究，所舉例的兩本圖畫書也是探討顏料的混色），就不可能將色光混合和顏料混合的結果加以區分，如此會導致幼兒誤信某些顏色混合之後一定變成某種顏色，但其實顏料的混色結果和色光的混合結果不同。(3) 顏料混合所產生的變化，是導因於物質本身的特質（在本節之始已述及），非幼兒所能理解，甚至很多成人也不了解。所以，在幼兒園進行顏色混合的活動，幼兒只是觀察到表面現象的改變，但是對於現象的變化不可能提出解釋。所以，這個活動最後只流於觀察記錄，而未能做出解釋（在該論文中，也未要求幼兒針對混色結果做出解釋）。然而，根據所蒐集的證據做出推論解釋卻是科學探究中不可或缺的一環。所以，混色活動雖然是好玩的科學遊戲，但非合適幼兒的科學探究活動。

此外，圖畫書的選擇和師生共讀的時機是值得探討的議題。選擇與教學主題相關的圖畫書和幼兒共同閱讀，來開始每日的教學活動，幾乎已成為幼兒園共同的教學模式，在進行科學教學時也不例外，因為幼兒教育主張統整課程，而語言（含語文）又是幼兒時期非常重要的一個學習領域。不過，圖畫書所傳達的科學概念或知識不一定正確，教師在選用圖畫書時，宜先了解圖畫書所傳達的科學概念或科學知識是否正確。此外，蘊含科學概念或科學知識的圖畫書，究竟在教學的哪個階段和幼兒共同閱讀，是亟待思考的問題。如同前述研究，幼兒教師通常是在教學之始和幼兒共讀圖畫書，而且通常是將故事整本讀完。如此，所要探究的問題似乎已有答案，那麼是否還需要再去探究？幼兒教師不妨嘗試改變共讀的時機或共讀的方式。在教學之始的共讀，不要整本讀完，在所要探究的問題被提出，但結果（例如：哪兩個顏色混合之後變成哪個顏色）尚未出現之前即停止閱讀，先讓幼兒預測，待幼兒實際觀察或操作驗證後，再將圖畫書剩餘的部分讀

完，此時幼兒即可將探究結果與圖畫書所載加以比較。或者，乾脆將整本圖畫書在幼兒觀察或操作驗證後，才進行師生共讀，以提問討論的方式進行，由幼兒發表其探究結果，並引導幼兒根據探究結果來檢視圖畫書內容，由此更能培養幼兒批判思考的能力。

2.浮與沉的探究（張莉莉等人，2012；陳淑敏，2012，2014；楊麗仙，2013）

玩水是幼兒最愛的活動。幼兒洗澡時，父母大都會在浴缸放置各種玩具供其玩耍，但有多少父母曾經引導幼兒觀察，哪些物體在水中會上浮或下沉，並探究其道理？在幼兒園也常看到教師讓幼兒進行「浮沉遊戲」，但最後大都流於玩水，很少幼兒教師會引導幼兒去思考所見現象的道理。

玩水既然是幼兒最愛的活動之一，而「物體的浮沉」又是適合幼兒去探究的現象，若能引導幼兒進行有組織的觀察，幼兒就能有所學習（Kamii & DeVries, 1999）。過去研究發現，提供適當的鷹架引導，5歲幼兒也能了解材質是影響物體浮沉的因素（Hsin & Wu, 2011），而經過適當引導，6歲幼兒能了解中空是影響物體在水中上浮的因素（Havu-Nuutinen, 2005），因此筆者選定此概念與幼兒教師合作進行「浮與沉」的探究教學研究。

根據筆者的觀察及過去研究的發現（Joung, 2009），有些幼兒並不了解「浮」和「沉」這兩個字的意義，而在「浮與沉」的探究中，不可避免地常常要使用這兩字。Gelman 與 Brenneman（2004）曾指出，要引導幼兒進行科學探究，必須先教導幼兒探究歷程的相關概念及使用正確的科學詞彙。同理，要引導幼兒進行「浮與沉」的探究，在探究之初，應先讓幼兒了解「浮」和「沉」的定義。如此，才有可能進行後續的探究。因此，在開始探究之前，教師先請幼兒畫出物體在水

中是浮或沉的位置。從圖畫評量，有些幼兒已經了解浮與沉的意義（如圖 6-5 所示），有些則並不了解（如圖 6-6 所示）。有鑑於此，參與研究的教師藉由故事與圖畫，先教導幼兒「浮」和「沉」的意義。

除了教導「浮」和「沉」的意義，也複習在前一個探究活動中已經教導的科學探究歷程相關概念。此外，又教導這個探究活動要使用到的新的概念，以下是 A 班討論的摘要。

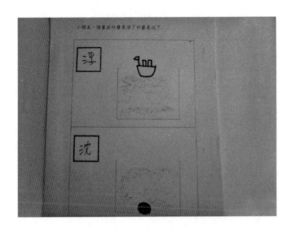

● 圖 6-5　幼兒畫出正確的「浮」和「沉」位置

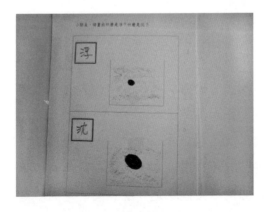

● 圖 6-6　幼兒畫出錯誤的「浮」和「沉」位置

浮與沉的探究　團體討論摘要1（A班丁老師）

丁老師：好，那我再來問你們，看你們還記不記得，科學家研究問
　　　　題，第一個步驟是什麼？

B1　　：查資料。

丁老師：還沒有要查啦！我們第一個要先找出什麼？

睿　　：問題。

丁老師：問題，對！〔邊說邊寫白板〕好，我們要研究的問題是什
　　　　麼，先找出來！然後呢？

C　　：查資料！

丁老師：查資料，可是老師今天要教你們一個新的！就是這個問題一
　　　　出來，還沒有實驗，就動動你的腦先想，這個問題有可能的
　　　　答案是什麼？

……

〔丁老師在白板上寫著：研究問題→預測〕

丁老師：好！那你告訴我，這是什麼？

〔丁老師指著「預測」，問睿〕

睿　　：測驗啊！

丁老師：這叫「預測」。

C　　：「預測」。〔全體幼兒跟著唸一次〕

丁老師：什麼叫「預測」？

G1　　：「預測」就是試試看。

丁老師：「預測」就是都還沒有做，就光憑你的頭腦先去想，去想想
　　　　看，這個問題大概會是什麼答案，是沉，還是浮？為什麼會
　　　　這樣？

B2　　：就是「做實驗」玩玩看。

丁老師：沒有！「做實驗」就是已經在找答案啦！「預測」就是什麼
　　　　都還沒有做，實驗都還沒有做、找答案也還沒做！就是你自
　　　　己去想想看這個問題有可能是什麼答案。好，那「預測」完
　　　　開始要怎麼樣了？

C1　　：找資料！

丁老師：還沒有！

C　　　：找答案、找資料、看書！

丁老師：好，那要用什麼找答案？書裡面找答案，那還有呢？

苂　　　：動手試試看。

丁老師：太厲害了！苂說自己動手試試看，那這就是什麼？〔邊說邊
　　　　寫白板〕

B3　　：「做實驗」。

丁老師：嗯！嗯！「做實驗」了啊。好，那我問你們，實驗完以後
　　　　哩？會不會有發現？

C　　　：會！

丁老師：好，開始要有「發現」了！〔邊說邊寫白板〕發現什麼？
　　　　「發現」結果出來跟之前的「預測」是不是一樣，猜對了，
　　　　表示你的金頭腦預測得不錯！預測錯了呢？

C　　　：沒關係！

……

丁老師：有可能再回來「實驗」，看看怎麼會這樣。

　　　　在教導科學探究歷程相關概念之後，丁老師提供木頭積木、保麗
龍球、彈珠、海綿（海綿會吸水，增加了混淆變因，選取這項物品並

不適當）、塑膠球、迴紋針等物品，請幼兒預測這些物品在水中會浮，抑或會沉。幼兒在教師引導下，先在教師事先製作的學習單上，畫下自己對每一個物品的預測。之後，教師協助幼兒寫下針對每項物品所做預測之解釋。在幼兒放學離園後，丁老師與林老師將幼兒的預測加以統計，並寫在壁報紙上。

次日，在團體時間，丁老師出示昨日幼兒個別預測的統計（如圖6-7、圖6-8所示），並和幼兒討論。

● 圖6-7　全班幼兒對每項物品會浮或沉所做預測和解釋之資料整理

● 圖6-8　每項物品會浮或沉所做預測和解釋之統計垂直長條圖

浮與沉的探究　團體討論摘要 2（A 班丁老師）

丁老師：昨天，我們做了預測，老師有幫你們統計。你們看！這是你
　　　　們昨天做的。

〔丁老師將寫上整理過的資料之壁報拿出來，如圖 6-7 所示〕

丁老師：哇！這是你們講的耶！這樣看是不是很複雜？看得眼睛都花
　　　　了！所以老師幫你們整理了。

〔丁老師邊說邊拿出圖 6-8〕

丁老師：好，我們先來看木頭積木，一個格子代表是一個小朋友喔！

丁老師：我們班認為木頭積木會浮的有幾個人？

C　　　：6 個人。〔圖 6-9 黑色長條〕

丁老師：那沉下去呢？有幾個人覺得木頭積木會沉的？

C　　　：19 個人。〔圖 6-9 灰色長條〕

丁老師：所以覺得沉下去的比較多，還是浮起來的比較多？

C　　　：沉下去！

接著，丁老師和幼兒針對預測的物品逐項討論，最後討論到保麗
龍球。

🔹 圖 6-9　預測木頭積木的浮或沉及其原因之統計垂直長條圖

浮與沉的探究 | 團體討論摘要 3（A 班丁老師）

丁老師：有沒有人覺得保麗龍球會沉下去的？甄，你覺得會沉下去，為什麼？

甄　　：因為保麗龍球很重，所以會沉下去。

B1　　：因為裡面都沒有東西，很輕，所以會沉下去。

G1　　：因為很重，所以會沉下去。

睿　　：保麗龍裡面是包氣的，所以它會浮上去。

丁老師：好，這該怎麼辦呢？這麼多不一樣的答案，你們講的這麼多不一樣的答案，有的說會沉，有的說會浮，那該怎麼辦？

苡　　：通通實驗看看。

　　團體討論之後角落與分組活動並行。有兩組幼兒先進行「浮和沉」的驗證，其他幼兒自由選擇角落進行學習。因為只針對先前預測的物品驗證，所以全體幼兒在角落時間輪流完成驗證。如圖 6-10 所示。

🌑 圖 6-10　幼兒進行驗證

在操作驗證時，多項物品的浮或沉出乎幼兒的預料，和幼兒前一天的預測並不一致。下面呈現幼兒在驗證時的言談與行為。

浮與沉的探究　觀察紀錄 1

翰　　　：彈珠，結果是沉下去，好奇怪喔！

丁老師：所以你要記錄下來。

C　　　：哇！木頭積木會浮耶！

丁老師提醒幼兒，觀察之後要加以記錄，以免遺忘。之後，丁老師教導幼兒如何在先前預測時用過的學習單上，再記錄驗證時的觀察所見。如圖 6-11 所示。

🌐 圖 6-11　分組活動時間，教師指導幼兒如何記錄觀察所見

<u>浮與沉的探究</u> ▋分組活動 1▋────────────

丁老師：如果你的預測跟你的實驗相同，那你就在「相同」打勾，如果不同，就在「不同」打勾。好，那請你們指「相同」給我看，「相同」在哪？

C　　：在這。〔邊說邊指〕

丁老師：那「不同」在哪裡？

C　　：這。〔邊說邊指〕

丁老師：好，這樣知道了沒？

C　　：知道了。

　　分組活動時間結束之後，丁老師再針對幼兒的實驗進行團體討論。

<u>浮與沉的探究</u> ▋團體討論摘要 4（A 班丁老師）▋────────────

丁老師：為什麼彈珠會沉？

捷　　：有玻璃，玻璃很重。

〔林老師幫忙將幼兒所說的影響因素寫在壁報紙上〕

禎　　：因為小。

G1　　：有重量。

B1　　：裡面有東西。

B1　　：裡面有水。

丁老師：木頭球會浮，還是沉啊？

C　　：浮。

丁老師：為什麼？

萱　　：裡面有空氣。

C1　　：很重。

C2　　：很輕。

捷　　：水給球力氣。

仁　　：旁邊是木頭，裡面是空心的。

註：木頭球係指球體積木。

　　討論完所提供物體會浮或沉的可能原因之後，教師協助幼兒整理出四個可能的影響因素，包括：輕重、大小、實心與空心、材質（什麼東西做的）。因為科學探究通常都經過科學家反覆的驗證，才能確定真正的變因，所以教師根據該班幼兒提到變因的次數多寡，由多到少排序，再提供不同的物品在不同的日子一一去驗證。

　　隔年，又有三個班級加入研究社群，丁老師和其他幼兒教師分享先前的探究教學經驗，再次進行浮與沉的探究。參與研究的四個班級之教師，將幼兒在預測時所做解釋加以統整，歸納出影響物體在水中浮或沉的可能變因。這四班都提出的相同變因有四個，包括：重量、大小、材質、實心與否。除此之外，有的班級還提出水位高低或材質軟硬。接續，各班根據所提出的變因一一去驗證。在這四班之中，有兩班先驗證重量變因，另外兩班則先驗證大小變因，在此二變因之後接續驗證材質，最後驗證實心或空心因素。

　　在驗證每一個可能的變因之前，參與教師根據下列兩個原則選擇物體，提供幼兒去驗證：(1)選擇生活周遭常見的物體；(2)盡量選擇不會干擾擬驗證變因的物體，例如：驗證材質因素，選擇的物體一定是單一材質製作，且大小盡量相同，避免無關因素干擾實驗的結果。又如，驗證重量因素，選擇的物體一定是材質相同的，但因相同材質而

重量相異者，其大小必然不同，所以其中兩班先驗證大小因素，由該次實驗結果去排除大小因素的影響。此外，教師也提供天秤，讓幼兒使用該工具去比較物體的重量。

浮與沉的探究 **團體討論摘要 5（A 班丁老師）**

（透過問答，複習先前驗證大小和重量變因的結果）

〔丁老師將寫著影響因素的壁報紙貼上白板〕

丁老師：我們已經實驗過幾個原因？

C　　：兩個。

丁老師：哪兩個？

B1　　：大小、輕和重。

丁老師：輕和重，還有呢？

C　　：大和小。

丁老師：大和小，結果發現呢？

B1　　：兩個都不是可能的原因。

丁老師：為什麼不是？

瑄　　：因為大的有浮也有沉，小的有浮也有沉。

佳　　：輕的有浮也有沉，重的有浮也有沉。

丁老師：所以不是原因，如果是的話，會是什麼情形？

B2　　：輕的都在上面，重的都在下面。

　　　討論的目的在引導幼兒回憶先前所做的探究，由此評量幼兒對「大小」和「重量」因素是否影響浮沉的了解，並透過排除此二變因，順勢導入第三個可能變因的探究。接著，丁老師透過提問，評量幼兒對即將要進行探究的變因意義之了解。

浮與沉的探究　**團體討論摘要 6（A 班丁老師）**

丁老師：今天我們來驗證第三個原因，是什麼？

C　　：〔看著白板上壁報紙所寫〕材質。

丁老師：什麼叫「材質」？

B1　　：什麼東西做的。

___

在第一次驗證之後的團體討論，幼兒已經說出所有可能的變因，丁老師幫忙歸納成四個，而「材質」是教師歸納整理後所使用的概念名稱。教師則透過提問評量來了解幼兒是否已經了解此概念。如此，有利於後續的討論與實驗操作。在驗證每一個變因之前，也是請幼兒先針對教師提供的物體一一預測，再將物體放入水中，並做觀察與記錄。

最後驗證的變因是「實心或空心」。丁老師先透過簡單提問，請幼兒回憶先前驗證的變因和結果，並引述那天幼兒的言談，由此導入當日要探究的變因。

浮與沉的探究　**團體討論摘要 7（A 班丁老師）**

丁老師：禮拜三的實驗是驗證什麼？

C　　：材質。

丁老師：我們驗證出來的結果，材質會不會影響浮和沉？

C　　：會。

丁老師：哪個是會沉的，哪個是會浮的？

G1　　：木頭會浮。

G3　　：硬塑膠會沉。

G2 ：鐵會沉。

丁老師：輕的玻璃呢？

C ：沉。

丁老師：重的玻璃呢？

C ：沉。

……

丁老師：我們今天要驗證第四個原因，〔指著貼在白板上的紀錄單〕
是什麼原因？

珍 ：空心實心。

……

丁老師：〔出示保麗龍球〕這是什麼？

C ：保麗龍球。

丁老師：它是實心，還是空心。

C ：空心。

丁老師：空心喔？它是空心嗎？

C ：實心。

　　幼兒認為保麗龍是空心，但當丁老師反問之後，幼兒信心動搖，猜測教師的意向，改變答案。事實上，教師原先就預期幼兒會認為保麗龍球是空心。所以，在幼兒回答之後，就將保麗龍球切開，讓幼兒觀察及觸摸球心是實或虛。觀察之後，幼兒的回答都有了改變。以下是當時的討論摘要。

浮與沉的探究　團體討論摘要8（A班丁老師）

丁老師：實心，還是空心？

C　　：實心。（齊聲）

丁老師：它裡面是實心的，你看它裡面是滿的。

同樣是驗證「實心或空心」，B班李老師有不同的作法。在驗證之前，李老師進行了戶外教學，帶領幼兒去港口看輪船。以下是參觀之後的討論摘要。

浮與沉的探究　團體討論摘要9（B班李老師）

李老師：大船那麼大，又是什麼做的？

B1　　：鐵做的

李老師：那它為什麼會浮在海上？

吉　　：爸爸說如果它沒有水進去的話，就會浮起來，有水跑進去，它就會沉下去。

李老師：這是爸爸的答案，不是你的，你要想想為什麼？

B2　　：因為它旁邊的輪子讓它浮起來。

李老師：輪船旁邊的輪子是讓它浮起來的原因嗎？

C　　：不是。

慕　　：〔聽不清楚〕

李老師：等一下，慕提出質疑，他說：「其他輪船根本沒有旁邊的輪子啊，人家它也是浮啊」，剛才你是不是這樣講？

慕　　：〔點點頭〕

李老師：那你知道為什麼嗎？

慕　　　：因為裡面沒載人是空的，載人還是有一些空的地方，跟空心
　　　　　實心一樣。

李老師：跟什麼一樣？

慕　　　：跟空心實心。

……

李老師：我們昨天去觀察輪船發現了問題，所以今天的研究問題是
　　　　　〔李老師邊說邊寫〕

B3　　　：空心實心，有沒有影響〔聽不清楚〕的浮沉？

　　　戶外教學之後，李老師和幼兒討論輪船能浮在海上的可能原因，由此導入當日要驗證的變因。

　　　在驗證了教師從幼兒最初的回答所整理出的所有變因之後，在他日又進行了延伸活動。教師提供幼兒黏土，先請幼兒預測黏土在水中會沉或浮，再進行驗證。之後，再請幼兒思考如何使黏土在水中上浮。有些幼兒，能將所學做學習遷移，將先前所學加以應用，設法將黏土捏成中空的形狀，以使黏土在水中上浮（如圖 6-12 所示）。

　　🌑 圖 6-12　幼兒將黏土捏成中空狀，以使黏土在水中能上浮

　　如同近期的幼兒科學探究教學研究（French, 2004; Gelman & Brenneman, 2004; Samarapungavan et al., 2008），在上述筆者和幼兒教師合作進行的「浮與沉」科學探究教學中，教師在探究之始即教導科學歷程相關概念。此外，亦如過去研究（Gelman & Brenneman, 2004; Samarapungavan et al., 2008），教師也教導幼兒使用科學探究相關概念的正確名稱，並在探究過程使用那些概念的正確詞彙進行討論。探究之始，還先透過提問討論來了解幼兒有關「浮」與「沉」的先期概念。由於很多幼兒並不了解此二概念，所以教師透過簡單的活動先行教導，以利後續的探究。

　　科學探究主要是在了解影響現象發生的原因，而物理領域觀察記錄的目的不在描繪現象本身，而在蒐集所有可能影響現象的資料，再從中找出各個因素之間可能的關係（Worth & Grollman, 2003）。這樣的觀察與記錄需要教師的引導，才可能蒐集到可用的資料，也才能從這些資料建構出合理的解釋。上述研究，教師也指導幼兒觀察記錄技巧，針對所要探究的變因進行記錄，而非去描繪物體本身。在教師引導下，幼兒經過預測、對可能的影響因素一一驗證、透過觀察與記錄蒐集資料，最後做出「物體是否是空心，是影響其在水中是否上浮的原因」之結論。這樣的結論和《觀念物理》（Hewitt, 1999）一書中對「浮力原理」的解釋：在流體表面上浮的物體，與它所排開的流體有相同的重量，意義近似。幼兒對物體浮與沉這樣的了解，將有助於她們／他們日後在接受較高階段的科學教育時，更易掌握「浮力原理」的意義，且能以科學詞彙來解釋該原理。

　　上述「浮與沉」的科學探究教學，幼兒在教師的引導與協助下，透過預測、驗證、觀察記錄、資料整理，而能針對研究結果做出合理的解釋，並能做學習的遷移，展現了相當程度的邏輯推理能力。除此

之外，幼兒對科學探究的興趣大為提升，在探究教學進行期間，幼兒與同儕、手足，甚至父母的談話，經常圍繞著物體的浮沉及如何探究。這樣的興趣甚至在教學結束之後一段時間，仍持續不墜，有些幼兒甚至邀請或教導手足和父母共同進行「浮與沉」的科學探究（楊麗仙，2013）。由此可見，當幼兒的探究興趣被點燃時，學習動機因而十分強烈，而強烈的學習動機使幼兒積極參與探究，認真思考所觀察到的現象，並思索其中的道理。如此，幼兒從探究教學中所獲得的不只是智能的學習，還有情感的滿足。

曾經有幼教學者質疑探究教學是否適合在幼兒階段實施？從上述教學中幼兒所展現的邏輯推理能力，及對探究活動的積極參與，可見：教師若能提供適當的教學資源與引導，幼兒不但能進行科學探究，還能透過科學探究對周遭自然現象有更正確的了解。

回顧第二章第四節「現代科學教育觀」所載，科學探究教學是要引導學生像科學家一樣地去進行科學探究。科學家探究問題雖然沒有固定的步驟與一致的方法，但其所經歷的過程類似，都經過對周遭現象產生疑問、對現象產生的原因提出假設（或者說，對影響現象的變因做出預測和暫時性的解釋），有些探究可能經過實驗及觀察記錄去蒐集資料，有些現象因無法進行實驗，則純粹經由長期觀察記錄以蒐集資料，而後經由資料的整理，獲得結果並做出結論。所以，不同階段的學習者在進行科學探究的歷程近似，亦即，科學探究歷程的實施不因學習階段而有差異。

不過，不同教育階段的學習者，因智能發展的成熟度不同，在進行科學探究時所需的教師引導量則有不同，如第三章第五節的表 3-1「探究教學的基本特徵及變化」所示。這裡，筆者還是要強調引導不同於指導，著名的教育家 Jerome Bruner（1977）也曾指出，若能以真

正符合兒童智能發展水準的型式實施教學，任何教材都可以在任何發展階段，進行有效教學（p. 31）。要評量教學是否有效，方法之一是觀察學生在課堂上的反應。從上述所引的團體討論和幼兒學習行為的觀察實例，都可發現幼兒在學習參與的積極度及思考的成熟度，並非教師直接灌輸教導或純粹提供幼兒自由遊戲而無教師引導的學習方式所可比擬。根據筆者長期對幼教現場的用心觀察，進行浮沉科學活動者不在少數，但最後都只流於玩水，不曾見到能引導幼兒去思考其中道理者。

第三節　地球與太空科學的探究特徵與教學實例

一、地球與太空科學的探究特徵

人類居住在地球上，所以地球表面的物質，包括：固態的岩石與土壤、水與大氣中的氣體，都和人類生活息息相關。不過，由於臺灣居民大都集居在都市，而都市地面處處鋪著水泥、柏油、地磚等人造鋪面，幼兒接近岩石與土壤的機會相對較少，因此這些物質也較少受到幼兒的注意，要對它們進行探究誠屬不易。至於水，由於它的流動性，及在炎熱夏天它所帶來的清涼感，甚受幼兒的注意，而玩水也是幼兒最愛的活動之一（關於水的探究教學，在前一節已做探討）。至於大氣中的氣體，由於看不見且摸不著，幼兒甚至不知道它的存在，因此很難在幼兒階段進行探究。

天空常見的物體，包括：太陽、月亮、星星、雲、鳥，以及飛機

等，其中，鳥與飛機，由於瞬間可見的移動性，是最早引起幼兒關注的物體。曾經好幾次，筆者在路上行走時，突然聽到 2、3 歲的幼兒興奮地大叫：「飛機、飛機、飛機。」抬頭一看，飛機正從天上飛過，並發出巨大聲響。

　　至於太陽，雖然日出和日落是從年幼開始即經常觀察到的景象，而幾乎所有的學生也都從課本上學到「太陽從東邊出來，西邊落下」，但是人們似乎習以為常，不會多加留意。筆者曾經在幼兒教師的研習授課時，要求參與教師就當時所在地點判斷東西南北方位。雖然當日天氣晴朗陽光燦爛，而且活動當時是早上九點多，但卻有不少教師不能判斷方位。移動速度看似緩慢的太陽，也較少引起幼兒的關注。不過，白天大部分的時間，陽光都過於刺眼，不宜直視，因此只能從陽光被物體阻斷所形成的影子來觀察其移動的變化，關於光和影子的探究教學，已在前一節做過探討，此處不再贅述。

　　在黑暗的夜空，月亮顯得分外明亮，而且月相每天都有變化，比起太陽較能引起幼兒的注意。成人若能提供引導，幼兒對月亮觀察的興趣也能持續。親戚的 2 歲小孩，在父母幾次指著天上的明月，並告訴他：「月亮」之後，就常常注意到天上的月亮。即使月亮出現在下午三、四點的明亮天空，月兒因此無光，顏色看起來近似白雲，但這名幼兒仍可從形狀判斷那是月亮而不是白雲。不過，月亮的觀察大都要在晚間進行，幼兒園不可能進行這樣的探究。

　　因為上述種種限制，要在幼兒園進行地球與太空科學的探究誠屬不易，因此，有關的研究闕如。除了上述天空的物體之外，天空中強烈的閃光和伴隨而來的巨大雷聲，是多數幼兒懼怕的自然景象。但是打雷及伴隨而來的下雨，還有雨後可能出現的彩虹則是吸引幼兒的自然現象。不過，雨後的彩虹也是可遇而不可求的景象。以下提供的教

學實例即是幼兒對這些現象的探討。

二、教學實例

純粹引導幼兒進行科學探究的教學實例如下：

1. 從自發性探究發展為結構性探究——Reggio 教學取向的幼兒園（Inan, Trundle, & Kantor, 2010）

在幼教界頗負盛名的 Reggio Emilia 市立幼兒園，以及採用其教學取向的幼兒園，幼兒常出現自發性的科學探究。部分幼兒的自發性探究，有時還發展成全班，甚至全園參與的非正式與結構性探究，著名的方案如「鳥的遊樂園」、「除了螞蟻之外，所有的東西都有影子」，都是這樣發展而成的科學探究方案。

在方案教學取向的幼兒園，教師經常傾聽幼兒的談話，從中選擇適合幼兒探究的問題引入正式課程，有時方案就這麼產生，例如：在雷雨季節，很多幼兒談論著打雷和閃電，有些甚至顯現對雷電的恐懼。曾經有幼兒問過：「彩虹是怎麼發生的？」「是否需要下大雨才會有彩虹？」「是否要打雷才會有彩虹？」教師聽到幼兒這些問題與談話，就提供相關的圖書和幼兒共同閱讀及討論。園方則配合在戶外遊戲場設置雨量器，室內懸掛溫度計，幼兒開始測量雨量與溫度，並畫出曲線圖，找出雨量與溫度之關係，並與氣象報導加以比較。在這樣的歷程中，幼兒所經歷的探究活動，包括提出探究問題、假設、觀察、實驗、蒐集與分析資料及做出解釋。

Reggio 教學取向的幼兒園之所以能引發幼兒自發與非正式的科學探究，主要原因如下（陳淑敏，1998；Inan et al., 2010）：

1. 教師精心設計與規劃學習環境以激發幼兒探究的動機，作法包括：(1)常設科學學習區，提供可激發幼兒探究的科學學習資源

與工具；(2)經常展示戶外蒐集的自然事物，例如：種子、落葉、昆蟲等等，引發幼兒對自然的關注與興趣；(3)將科學整合於所有的學習活動中，由此引發幼兒的科學探究；(4)除了設置科學區與自然事物展示區，還將可引發科學探究的事物充滿於整個園所情境中，讓科學學習隨時隨地可進行。

2. 建構科學學習的幼兒園文化：教師經常和幼兒談論自然現象及與自然相關的生活事件，引發幼兒對自然現象的關注與探究興趣，鼓勵幼兒成為有能力的科學家兼研究者，主動蒐集與分析訊息，而不是去死背書本知識，例如：背誦昆蟲的身體分頭、胸、腹三部分，有六隻腳。在與幼兒的日常交談中，教師自然地使用科學詞彙，例如：實驗、理論、假設、預測、溫度、觀察與溫度計，讓科學融入於幼兒的生活中及根植於幼兒的思想之中。

3. 引導幼兒使用多種媒介表徵探究的現象：除了提供幼兒動手操作，還讓幼兒改變變因及重複操弄試驗，並引導幼兒使用各種媒介表徵所觀察到的現象。

筆者在參觀 Reggio Emilia 的市立幼教系統時，對於各園內處處是能激發幼兒探究自然現象的情境，就留下深刻的印象。這些教學情境的設計都極具巧思，筆者不曾在其他幼兒園看到，這也難怪 Reggio Emilia 能成就幾個著名的大型科學探究方案，也因此吸引世界各地的學者與幼教現場工作者前往參觀（陳淑敏，1998）。

從上述的所有探究教學實例，可發現：要實施科學探究教學，教師應該了解哪些自然現象適合在幼兒階段進行探究，才可能選擇適合在幼兒階段探究的現象進行。其次，教師應對所要探究的現象有所了

解，亦即，具備相關的內容知識。再者，教師還應了解幼兒對該現象的了解，亦即，了解幼兒的先期概念與先備知識。另外，教師應具備現代化的科學本質觀，及對探究歷程的了解，才能在探究歷程中，將內容知識有效轉化，提供幼兒適當的引導，亦即具備 Shulman（1987）所謂的教學內容知識（pedagogical content knowledge）。最後，幼兒教師應根據所具備的內容知識，選擇與組織所要提供的教學資源。如此，才可能引導幼兒對自然現象有較佳的了解，也才可能實施有效的科學探究教學。

第七章

幼兒科學教育的
反思與展望

一直以來，科學教學是以知識灌輸為主的直接教導居多，很多學生在求學過程不曾做過實驗（吳挺鋒，2010），更遑論經歷過科學探究（Anderson, 2007; Tang et al., 2010）。針對迷思概念的眾多研究都顯示，很多學生對科學概念有錯誤的了解，甚至連主修科學的學生也不例外。科學教育者都將科學教育的失敗歸咎於傳統灌輸式的科學教育。著名的科學家也是諾貝爾物理獎得主的 Feynman 受邀去巴西講學時，也發現連巴西工學院的教學方式都是傳統的直接教導，所以學生雖然能複誦書本上的知識，但卻不會應用課堂所學，去解釋所見到的物理現象（吳遠程譯，1995）。

科學教育界也質疑，未來的教師在自己的求學過程，若都是接受傳統的直接教導，而不曾經歷科學探究，對科學探究因而缺乏了解，他們是否有能力去引導學生進行科學探究（Anderson, 2007; Tang et al., 2010）。因此，筆者從開始教授「幼兒自然科學」以來，每年都在課堂上提供學生進行科學探究。

在每年的課程中，筆者都提供幼教系學生數個科學探究活動，而「浮與沉」的探究是其中的一個。探究活動都採分組進行，以利學生

互相討論。教學的材料，除了每組需自備一個大臉盆之外，每一組探究所需的物體都由筆者提供。這些物體都是日常生活所常見（例如：積木、青椒），但就筆者的觀察，卻不是大部分學生都知道這些物體在水中會浮或會沉。此外，物體的選擇，還考慮能製造學生認知上的衝突。筆者要求每一組學生必須先預測每一項物體在水中是浮或沉，並說明理由，再進行討論並達成共識之後，才能將臉盆盛滿水，再將物體放入其中。當所有物體都一一放入水中後，學生必須進行觀察記錄，並且和組員進行討論。最後，每一組學生必須做出一個結論上臺報告，並在隔週繳交書面報告。

針對筆者所提供的七項物體，沒有一年有任何一組能完全正確預測。某些物體，學生對其在水中是浮或沉的預測與其探究結果不合者不在少數，而這些學生也未能在預測時透過討論與組員達成共識，所以就將該組預測會浮與會沉的人數在書面報告全都列出，並且將組員的解釋一一陳述。有些組甚至在所提供的七項物體之中，僅有一項預測正確。提供學生科學探究的第一年，有些組在口頭報告研究結果時，以「密度」的大小來解釋物體的「浮」與「沉」，但當筆者反問：「什麼是密度？」時，很多學生都不能清楚解釋。因此，從第二年開始，筆者規定學生不可僅以「密度」一詞來解釋浮沉現象。之後，學生在解釋物體浮沉時，所陳述的理由，和幼兒所提近似，包括：曾經看過、因為很重或很輕、因為是實心或空心、因為體積大或小、因為是某種材質。從學生所提出的理由，以及口頭報告研究結果時不能清楚解釋「密度」概念，可推論學生並不了解「密度」的意義。

此外，筆者在教授某些科目時，曾經要求學生進行月亮觀察，觀察的時間是一學期，學生在期末必須繳交書面報告。書面報告必須呈現的內容，包括：每次觀察的時間、月相和月亮在天空的方位，最後

還要將蒐集的資料加以統整，從中找出月亮移動及月相變化的通則。學期當中，筆者偶爾也在課堂上詢問學生她們／他們的觀察發現，一方面提醒學生記得持續觀察，另一方面提供學生建議。有些學生選定在晚上特定的時間觀察，結果發現連續好幾天看不到月亮（雖然那幾天都是晴朗的天氣），經過討論，這些學生才知道月亮每天出現在天空的時間不同。更多的學生不知道，白天也可觀察到月亮。透過月亮觀察與書面報告的整理，學生建構了過去曾經學習但卻未習得的月亮知識。

上述兩個例子顯示：在經過多年的科學教育之後，很多幼教系學生對自然現象仍不了解。這樣，又如何能去進行科學教學？然而，科學課程是幼兒園課程領域的一環，因此，在師資培育階段，提供幼教系學生科學探究以增進其對科學概念的了解，並提升其科學探究教學知能實為當務之急。

當發展心理學界一再質疑 Piaget 低估幼兒的能力，而近來的研究又一再顯示：嬰幼兒已開始建構對周遭世界的認知，而幼兒的因果關係推理能力在 4～6 歲之間逐漸發展，且實施探究教學能提升 4～6 歲幼兒對自然現象的正確認知之時，我們要問的已經不是科學探究教學是否適合在幼兒園實施，而是幼兒教師是否已經有足夠的裝備和能力去引導幼兒進行科學探究。此外，「幼兒園教保活動課程大綱」中，認知領域所揭櫫的教育目標是培養幼兒的問題解決能力，而從本書第三章第四節的論述已知，科學探究歷程與問題解決歷程近似。當臺灣幼教界努力推行「幼兒園教保活動課程大綱」之時，若能同時透過師資培育課程來培育未來的幼兒教師之科學探究知能，無疑對課程大綱的推行會有加乘的效果。

　　本書的撰寫旨在提供幼兒教師進行科學探究的相關知識，詳細閱讀本書，並持續與教學現場所見進行思考上的交互辯證，必有助於幼兒教師提升科學探究教學的知能。如此，幼兒園實施科學探究教學將是指日可待，而幼兒科學教育的成效必能有所提升。

參考文獻

中文部分

尹萍、王碧（譯）（1995）。你管別人怎麼想（原作者：R. P. Feyn-
man）。臺北市：天下文化。

王龍錫、林顯輝（1992）。**國小學童光與視覺之概念發展研究**。行政
院國家科學委員會專題研究成果報告（NSC 81-0111-S-153-01-
N），未出版。

吳挺鋒（2010）。臺灣孩子，八成不想當科學家。**天下雜誌，教育特
刊**，70-79。

吳遠程（譯）（1995）。**別鬧了，費曼先生**（原作者：R. P. Feyn-
man）。臺北市：天下文化。

林玉体（1996）。**西洋教育史**。臺北市：文景。

高敬文、黃美瑛、陳靜媛、羅素貞（1989）。**兒童科學教具與玩具之
評估：以認知概念為基礎的模式**。行政院國家科學委員會專題研
究成果報告（NSC-78-0111-S153-01），未出版。

張莉莉、王睿琪、陳淑敏（2012）。**幼兒園教師參與實務社群科學探
究專業成長之行動研究：浮與沉的探究**。發表於「K-6 科學教師
實務社群專業成長」學術研討會。屏東市：國立屏東教育大學。

教育部（2003）。**科學教育白皮書**。臺北市：作者。

教育部（2016）。幼兒園教保活動課程大綱。取自 http://gazette.nat.
gov.tw/EG_FileManager/eguploadpub/eg022226/ch05/type2/gov40/
num9/images/Eg01.pdf

陳淑敏（1998）。一個讓幼兒充分發揮想像力與思考創造力的學校系統。載於沈慶揚（主編），**師資培育與教育研究**（頁293-315）。高雄市：復文。

陳淑敏（2001）。**幼稚園建構教學：理論與實務**。臺北市：心理。

陳淑敏（2002a）。建構教學對幼兒科學知識學習的影響。**教育與心理研究，25**（中），401-430。

陳淑敏（2002b）。社會建構取向的幼稚園自然科學教育。**屏東師院學報，16**，65-98。

陳淑敏（2004）。幼兒教師教學信念與教學行為之探究。**屏東師院學報，21**，1-36。

陳淑敏（2011）。**幼稚園教師實務社群科學探究專業成長之研究（I）**。行政院國家科學委員會專題研究成果報告（NSC 99-2511-S-153-009），未出版。

陳淑敏（2012）。**幼稚園教師實務社群科學探究專業成長之研究（II）**。行政院國家科學委員會專題研究成果報告（NSC 100-2511-S-153-003），未出版。

陳淑敏（2014）。**幼稚園教師實務社群科學探究專業成長之研究（III）**。行政院國家科學委員會專題研究成果報告（NSC 101-2511-S-153-003），未出版。

陳淑敏（2016）。**幼兒遊戲**（第三版）。新北市：心理。

陳淑敏（譯）（2010）。**社會人格發展**（原作者：D. R. Shaffer）。臺北市：華騰。

陳淑敏、張靜儀（2007）。幼兒影概念之探究。**科學教育學刊，15**（4），417-437。

陳淑敏、張靜儀、高慧蓮（2007）。**科學教學中多元表徵與學童科學**

概念建構之研究：幼兒常識領域「光的探索」及「昆蟲」教學模組的探究。行政院國家科學委員會專題研究成果報告（NSC 95-2511-S-153-007），未出版。

舒煒光（1994）。科學哲學導論。臺北市：五南。

黃敏晃（1998）。數學年夜飯。臺北市：心理。

楊麗仙（2013）。幼兒園教師實施科學探究教學之研究（未出版之碩士論文）。樹德科技大學，高雄市。

英文部分

American Association for the Advancement of Science. (1989). *Science for all Americans.* New York, NY: Oxford University Press.

American Association for the Advancement of Science. (1993). *Bench marks for science literacy.* New York, NY: Oxford University Press.

Anderson, R. (2007). Inquiry as an organizing theme for science education. In S. K. Abell, & N. G. Lederman (Eds.), *Handbook of research on science education* (pp. 807-830). Mahwah, NJ: Lawrence Erlbaum Associates.

Au, T. K., Sidle, A. L., & Rollins, K. B. (1993). Developing an intuitive understanding of conservation and contamination: Invisible particles as a plausible mechanism. *Developmental Psychology, 29*(2), 286-299.

Backscheider, A., Shatz, M., & Gelman, S. A. (1993). Preschoolers' ability to distinguish living kinds as a function of regrowth. *Child Development, 64*(4), 1242-1257.

Baillargeon, R. (1993). The object concept revisited: New directions in the investigation of infants' physical knowledge. In C. E. Granrud (Ed.),

Visual perception and cognition in infancy. Mahwah, NJ: Lawrence Erlbaum Associates.

Bar, V. (1989). Children's views about the water cycle. *Science Education, 73*(4), 481-500.

Bar, V., & Galili, I. (1994). Stages of children's views about evaporation. *International Journal of Science Education, 16*(2), 157-174.

Bar, V., Zinn, B., Goldmunts, R., & Sneider, C. (1994). Children's concepts about weight and free fall. *Science Education, 78*(2), 149-169.

Bliss, J. (2008). Common sense reasoning about the physical world. *Studies in Science Education, 44*(2), 123-155.

Bliss, J., & Ogborn, J. (1993). A common-sense theory of motion. In P. J. Black, & A. M. Lucas (Eds.), *Children's informal ideas in science*. London, UK: Roultedge.

Bredekamp, S., & Rosegrant, T. (1992). *Reaching potentials: Appropriate curriculum and assessment for young children*. Washington, DC: National Association for the Education of Young Children.

Bredekamp, S., & Rosegrant, T. (1995). *Reaching potentials: Transforming early childhood curriculum and assessment*. Washington, DC: National Association for the Education of Young Children.

Bruner, J. (1977). *The process of education: A landmark in educational theory*. Cambridge, MA: Harvard University Press.

Carey, S. (1985). *Conceptual change in childhood*. Cambridge, MA: MIT Press.

Chen, S. (2009). Shadows: Young Taiwanese children's views and understanding. *International Journal of Science Education, 31*(1),

59-79.

Chen, S. (2010). *Influence of an explicit and inquiry-based approach on Taiwanese early childhood education graduate students' views of nature of science and scientific inquiry instruction.* Paper presented at the XIV Symposium of the International Organization for Science and Technology Education, Bled, Slovenia.

Chen, S., Chang, C., & Kao, H. (2010). *Prospective early childhood teachers' views of nature of science and scientific inquiry.* Paper presented at the XIV Symposium of the International Organization for Science and Technology Education, Bled, Slovenia.

Commune de Reggio Emilia (1990). *Tutto ha un'ombra, meno le formiche.* Italy: Reggio Children.

Dentici, O. A., Grossi, M. G., Borghi, L., Ambrosis, A. D., & Massara, C. I. (1984). Understanding floating: A study of children aged between six and eight years. *International Journal of Science Education, 6*(3), 235-243.

DeVries, R., & Kohlberg, L. (1987). *Programs of early education.* New York, NY: Longman.

DiGennaro, M. (1977). *The development of conceptual understanding-response strategies.* (ERIC Document Reproduction Service No. ED 149597)

Driver, R., Guesne, E., & Tiberghirn, A. (1985). Children's ideas and the learning of science. In R. Driver, E. Guesne, & A. Tiberghien (Eds.), *Children's ideas in science* (pp. 1-9). Buckingham, UK: Open University Press.

Dubinsky, E. (1991). Reflective abstraction in advanced mathematical thinking. In D. Tall (Ed.), *Advanced mathematical thinking* (pp. 95-121). Boston, MA: Kluwer Academic.

Duschl, R., & Grandy, R. (2008). Reconsidering the character and role of inquiry in school science: Framing the debates. In R. A. Duschl, & R. E. Grandy (Eds.), *Establishing a consensus agenda for K-12 science inquiry*. Rotterdam, The Netherlands: Sense Publishers.

Fantz, R. L., & Nevis, S. (1967). Perceptual preferences and perceptual-cognitive development in infancy. *Merrill-Palmer Quarterly, 13,* 77-108.

French, L. (2004). Science as the center of a coherent, integrated early childhood curriculum. *Early Childhood Quarterly, 19,* 138-149.

Galili, I., & Bar, V. (1997). Children's operational knowledge about weight. *International Journal of Science Education, 19,* 317-340.

Gelman, R. (1990). First principles organize attention to and learning about relevant data: Number and the animate-inanimate distinction as examples. *Cognitive Science, 14,* 79-106.

Gelman, R., & Brenneman, K. (2004). Science learning pathways for young children. *Early Childhood Research Quarterly, 19,* 150-158.

Gelman, S. A., Coley, J. D., & Gottfried, G. M. (1994). Essential beliefs in children: The acquisition of concepts and theories. In L. A. Hirschfeld, & S. A. Gelman (Eds.), *Mapping the mind: Domain specificity in cognition and culture* (pp. 341-366). New York, NY: Cambridge University Press.

Giere, R. N. (2004). How models are used to represent reality. *Philosophy of Science, 71*(5), 742-752.

Göksun, T., George, N. R., Hirsh-Pasek, K., & Golinkoff, R. M. (2013). Forces and motion: How young children understand causal events. *Child Development, 84*(4), 1285-1295.

Goswami, U. (1998). *Cognition in children*. East Sussex, UK: Psychology Press.

Greif, M. F., Kemler Nelson, D. G., Keil, F. C., & Gutierrez, F. (2006). What do children want to know about animals and artifacts? Domain-specific requests for information. *Psychological Science, 17*(6), 455-459.

Guesne, E. (2000). Light. In R. Driver, E. Guesne, & A. Tiberghien (Eds.), *Children's ideas in science* (pp. 10-32). Buckingham, UK: Open University Press.

Hacking, I. (1992). The self-vindication of the laboratory sciences. In A. Pickering (Ed.), *Science as practice and culture* (pp. 29-64). Chicago, IL: University of Chicago Press.

Hacking, I. (1995). *Representing and intervening*. Cambridge, UK: Cambridge University Press.

Havu-Nuutinen, S. (2005). Examining young children's conceptual change process in floating and sinking from a social constructivist perspective. *International Journal of Science Education, 27*(3), 259-279.

Hewitt, P. G. (1999). *Conceptual physics*. Reading, MA: Addison Wesley Longman.

Hirschfeld, L. A., & Gelman, S. A. (1994). Toward a topography of mind: An introduction to domain specificity. In L. A. Hirschfeld, & S. A. Gelman (Eds.), *Mapping the mind: Domain specificity in cognition and culture*. New York, NY: Cambridge University Press.

Hong, S. Y., & Diamond, K. E. (2012). Two approaches to teaching young children science concepts, vocabulary, and scientific problem-solving skills. *Early Childhood Research Quarterly, 27*, 295-305.

Hood, B. (1995). Gravity rules for 2- to 4-year olds? *Cognitive Development, 10*, 577-598.

Horgan, J. (2012, May). What Thomas Kuhn really thought about scientific "truth". *Scientific American*. Retrieved from http://blogs.scientifica-merican.com/cross-check/2012/05/23/w

Hsin, C., & Wu, H. (2011). Using scaffolding strategies to promote young children's scientific understanding of floating and sinking. *Journal of Science and Technology, 20*, 656-666.

Huffman, D. (2002). Evaluating science inquiry: A mixed-method approach. In J. W. Altschuld, & D. D. Kumar (Eds.), *Evaluation of science and technology education at the dawn of a new millennium* (pp. 219-242). New York, NY: Kluwer Academic/Plenum Publishers.

Hughes, M., & Grieve, R. (1993). On asking children bizarre questions. In M. Gauvain, & M. Cole (Eds.), *Readings on the development of children*. New York, NY: W. H. Freeman & Company.

Inagaki, K., & Hatano, G. (2002). *Young children's naive thinking about the biological world*. New York, NY: Psychology Press.

Inan, H. Z., Trundle, K. C., & Kantor, R. (2010). Understanding natural sciences education in a Reggio Emilia-inspired preschool. *Journal of Research in Science Teaching, 47*(10), 1186-1208.

Ioannides, C., & Vosniadou, S. (2002). The changing meanings of force.

Cognitive Science Quarterly, 2(1), 5-62.

Joung, Y. J. (2009). Children's typically-perceived-situations of floating and sinking. *International Journal of Science Education, 31*(1), 101-127.

Kaiser, M., McCloskey, M., & Proffitt, D. (1986). Development of intuitive theories of motion: Curvilinear motion in the absence of external forces. *Developmental Psychology, 22*(1), 67-71.

Kallery, M. (2004). Early-years teachers' late concerns and perceived needs in science: An exploratory study. *European Journal of Teacher Education, 27*(2), 147-165.

Kallery, M., Psillos, D., & Tselfes, V. (2009). Typical didactical activities in the Greek early-years science classroom: Do they promote science learning? *International Journal of Science Education, 31*(9), 1187-1204.

Kamii, C., & DeVries, R. (1999). *Physical knowledge in preschool education: Implications of Piaget's theory*. New York, NY: Teachers College Press.

Kawalkar, A., & Vijapurkar, J. (2013). Scaffolding science talk: The role of teachers' questions in the inquiry classroom. *International Journal of Science Education, 35*(12), 2004-2027.

Keil, F. (1994). The birth and nurturance of concepts by domains: The origins of concepts of living things. In L. A. Hirschfeld, & S. A. Gelman (Eds.), *Mapping the mind: Domain specificity in cognition and culture*. New York, NY: Cambridge University Press.

Kellman, P. J., & Arterberry, M. E. (1998). Infant visual perception. In W.

Damon (Ed.), *Handbook of child psychology*. New York, NY: John Wiley & Sons.

Kellman, P. J., & Spelke, E. S. (1983). Perception of partly occluded objects in infancy. *Cognitive Psychology, 15*, 483-524.

Koerber, S., Sodian, B., Thoermer, C., & Nett, U. (2005). Scientific reasoning in children: Preschoolers' ability to evaluate covariation evidence. *Swiss Journal of Psychology, 64*(3), 141-152.

Krnel, D., Watson, R., & Glažar, S. A. (2005). The development of the concept of 'matter': A cross-age study of how children describe materials. *International Journal of Science Education, 27*(3), 367-383.

Lederman, N. G. (1992). Students' and teachers' conceptions of the nature of science: A review of the research. *Journal of Research in Science Teaching, 29*(4), 331-359.

Lederman, N. G., Abd-El-Khalick, F., Bell, R. L., & Schwartz, R. S. (2002). Views of nature of science questionnaire: Toward valid and meaningful assessment of learners' conceptions of nature of science. *Journal of Research in Science Teaching, 39*(6), 497-521.

Lind, K. (1998). *Science in early childhood: Developing and acquiring fundamental concepts and skills*. Paper presented at the Forum on Early Childhood Science, Mathematics, and Technology Education. Washington, DC: American Association for the Advancement of Science.

Maier, M. F., Greenfield, D. B., & Bulotsky-Shearer, R. J. (2013). Development and validation of a preschool teachers' attitudes and beliefs toward science teaching questionnaire. *Early Childhood Research Quarterly, 28*, 366-378.

Massey, C., & Gelman, R. (1988). Preschoolers' ability to decide whether pictured unfamiliar objects can move themselves. *Developmental Psychology, 24*, 307-317.

McComas, W. F., Clough, M. P., & Almazroa, H. (1998). The role and character of the nature of science in science education. In W. F. McComas (Ed.), *The nature of science in science education: Rationales and strategies*. The Netherlands: Kluwer Academic Press.

Meadows, S. (1994). *The child as thinker: The development and acquisition of cognition in childhood*. London, UK: Routledge.

Metz, K. E. (2004). Children's understanding of scientific inquiry: Their conceptualization of uncertainty in investigations of their own design. *Cognition and Instruction, 22*(2), 219-290.

National Research Council. (1996). *National science education standards*. Washington, DC: National Academy Press.

National Research Council. (2000). *Inquiry and national science education standards*. Washington, DC: National Academy Press.

Pataray-Ching, J., & Roberson, M. (2002). Misconceptions about a curriculum-as-inquiry framework. *Language Arts, 79*(6), 498-505.

Piaget, J. (1929). *The child's conception of the world*. London, UK: Routledge.

Piaget, J. (1930). *The child's conception of physical causality*. London, UK: Routledge.

Piaget, J. (1974). *Understanding causality*. New York, NY: W. W. Norton.

Piaget, J., & Inhelder, B. (1974). *The child's construction of quantities*. London, UK: Routledge and Kegan Paul.

Piekny, J., Grube, D., & Maehler, C. (2014). The development of experimentation and evidence evaluation skills at preschool age. *International Journal of Science Education, 36*(2), 334-354.

Popper, K. (1963). *Science as falsification*. Retrieved from http://www. stephenjaygould.org/ctrl/popper_falsification.html

Rosen, A. B., & Rozin, P. (1993). Now you see it, now you don't: The preschool child's conception of invisible particles in the context of discovering. *Developmental Psychology, 29*(2), 300-311.

Rosengren, K. S., Gelman, S. A., Kalish, C. W., & McCormick, M. (1991). As time goes by: Children's understanding of growth in animals. *Child Development, 62*(6), 1302-1320.

Samarapungavan, A., Mantzicopoulos, P., & Patrick, H. (2008). Learning science through inquiry in kindergarten. *Science Education, 92*(5), 868-908.

Schulz, L. E., & Bonawitz, E. B. (2007). Serious fun: Preschoolers engage in more exploratory play when evidence is confounded. *Developmental Psychology, 43*(4), 1045-1050.

Schwartz, R. S., Lederman, N. G., Khishfe, R., Lederman, J. S., Matthews, L., & Liu, S. (2002). *Explicit/Reflective instructional attention to nature of science and scientific inquiry*. (ERIC Document Reproduction Service No. ED 465 622)

Shulman, L. S. (1986). Those who understand: Knowledge growth in teaching. *Educational Researcher, 15*, 4-14.

Shulman, L. S. (1987). Knowledge and teaching: Foundations of the new reform. *Harvard Educational Review, 57*(1), 1-22.

Simons, D. J., & Keil, F. C. (1995). An abstract to concrete shift in the development of biological thought: The inside story. *Cognition, 56,* 129-163.

Smith, C., Carey, S., & Wiser, M. (1985). On differentiation: A case study of the concept of size, weight and density. *Cognition, 21,* 177-237.

Sodian, B., Zaitchik, D., & Carey, S. (1991). Young children's differentiation of hypothetical beliefs from evidence. *Child Development, 62,* 753-766.

Spektor-Levy, O., Baruch, Y. K., & Mevarech, Z. (2013). Science and scientific curiosity in pre-school: The teacher's point of view. *International Journal of Science Education, 35*(13), 2226-2253.

Spelke, E. S. (1990). Principle of object perception. *Cognitive Science, 14,* 29-56.

Spelke, E. S. (1991). Physical knowledge in infancy: Reflections on Piaget's theory. In S. Carey, & R. Gelman (Eds.), *The epigenesist of mind: Essays on biology and cognition.* Mahwah, NJ: Lawrence Erlbaum Associates.

Springer, K., & Keil, F. C. (1991). Early differentiation of causal mechanisms appropriate to biological and nonbiological kinds. *Child Development, 62,* 767-781.

Stanford Encyclopedia of Philosophy. (1997). *Karl Popper.* Retrieved from http://plato.stanford.edu/entries/popper/#pagetopright

Tang, X., Coffey, J. E., Elby, A., & Levin, D. M. (2010). The scientific method and scientific inquiry: Tensions in teaching and learning. *Science Education, 94*(1), 29-47.

Tullos, A., & Woolley, J. D. (2009). The development of children's ability to use evidence to infer reality status. *Child Development, 80*(1), 101-114.

Vosniadou, S., & Brewer, W. (1992). Mental models of the earth: A study of conceptual change in childhood. *Cognitive Psychology, 24*, 535-585.

Vosniadou, S., & Ioannides, C. (1998). From conceptual change to science education: A psychological point of view. *International Journal of Science Education, 20*, 1213-1230.

Wellman, H. M., & Gelman, S. A. (1998). Knowledge acquisition in foundational domains. In W. Damon (Ed.), *Handbook of child psychology (Vol II): Cognition, perception and language* (pp. 523-573). Hoboken, NJ: John Wiley & Sons.

Worth, K., & Grollman, S. (2003). *Worms, shadows, and whirlpools.* Washington, DC: National Association for the Education of Young Children.

Zacharia, Z. C., Loizou, E., & Papaevripidou, M. (2012). Is physicality an important aspect of learning through science experimentation among kindergarten students? *Early Childhood Research Quarterly, 27*, 447-457.

國家圖書館出版品預行編目（CIP）資料

幼兒科學教育：探究取向／陳淑敏著. -- 初版. --
新北市：心理，2018.01
　　面； 公分. --（幼兒教育系列；51196）

ISBN 978-986-191-809-9（平裝）

1. 科學教育　　2. 學前教育

523.23　　　　　　　　　　　　　　106025495

幼兒教育系列 51196

幼兒科學教育：探究取向

作　　　者：陳淑敏

執行編輯：高碧嶸

總　編　輯：林敬堯

發　行　人：洪有義

出　版　者：心理出版社股份有限公司

地　　　址：231 新北市新店區光明街 288 號 7 樓

電　　　話：(02)29150566

傳　　　真：(02)29152928

郵撥帳號：19293172　心理出版社股份有限公司

網　　　址：http://www.psy.com.tw

電子信箱：psychoco@ms15.hinet.net

駐美代表：Lisa Wu（lisawu99@optonline.net）

排　版　者：辰皓國際出版製作有限公司

印　刷　者：辰皓國際出版製作有限公司

初版一刷：2018 年 1 月

Ｉ Ｓ Ｂ Ｎ：978-986-191-809-9

定　　　價：新台幣 180 元